ちくま新書

織田信長

神田千里
Kanda Chisato

1093

織田信長【目次】

織田信長 年表

天文　三　一五三四　織田信長、織田大和守家の奉行、織田信秀の子として誕生。
永禄　八　一五六五　**5**将軍足利義輝暗殺。この年信長、尾張国を平定。
永禄　九　一五六六　**8**信長、足利義昭に供奉を申し出るも、斎藤氏に敗退。
永禄一〇　一五六七　**9**信長、稲葉山城を攻略し美濃を平定。**11**「天下布武」朱印状初見。
永禄一一　一五六八　**7**義昭、美濃立政寺に移動。**9**義昭・信長入京。**10**義昭・信長五畿内を平定し、京都に凱旋。
永禄一二　一五六九　**1**三好三人衆、義昭のいる本圀寺を急襲。**8**義昭・信長、毛利氏を支援して播磨方面に出兵。**10**義昭、信長不和、信長帰国。
元亀　元　一五七〇　**1**義昭・信長五ヶ条の確認を行う。**4**信長、朝倉氏討伐に越前に出兵、浅井氏、朝倉方へつき信長から離反。**6**姉川の合戦。**8**義昭・信長三好三人衆討伐に出兵。**9**本願寺蜂起。**12**信長、義昭の仲介により朝倉氏と和睦。
元亀　二　一五七一　**5**浅井氏と戦闘再開。**6**毛利氏、浦上氏・篠原氏の攻撃を訴え、義昭・信長毛利支援を約束。**9**比叡山焼討。
元亀　三　一五七二　**7**信長、本願寺の蜂起を非難。**8**武田信玄、義昭の命で信長・本願寺の間を調停。**10**信玄、三河・遠江方面へ進発。毛利氏、浦上・宇喜多と義昭・信長の仲介で和睦。**11**信長、信玄と義絶。

天正　元　一五七三　**2**この頃信長、義昭に十七箇条の諫言を行う。**3**義昭、信長と絶って蜂起。**4**武田信玄死去。義昭、信長和睦。**7**足利義昭、槇島城で再蜂起、信長、槇島城を攻略し、義昭を降伏せしめ、河内若江城に送り届ける。**8**信長、朝倉・浅井氏を滅亡させる。**11**この頃本願寺、信長と和睦。**12**信長、正親町天皇に譲位を行うことを申し出る。

天正　二　一五七四　**2**一向一揆、越前を制圧。**3**宇喜多、浦上義絶。信長、東大寺の蘭奢待を切り取る。**4**本願寺、信長に対し蜂起。**6**武田勝頼、高天神城を攻略。**9**信長、伊勢長島一向一揆を殲滅。

天正　三　一五七五　**5**長篠合戦。**8**信長、越前一向一揆を殲滅。**9**この頃宇喜多直家、天神山城を攻略。**10**本願寺、和睦を乞い、信長赦免。**11**信長、従三位権大納言兼右近衛大将に任官。

天正　四　一五七六　**1**安土城建設開始。**2**義昭、毛利領内に移動、この頃、織田・毛利開戦。**4**本願寺、信長に対し蜂起。**6**信長、興福寺別当をめぐる相論を裁定。**9**信長、絹衣相論を裁定。

天正　五　一五七七　**2**畠山貞政、雑賀、根来衆蜂起。閏**7**上杉謙信、能登七尾に向け出兵。**9**

天正　六　一五七八　謙信、七尾城を攻略。謙信、手取川で織田勢を撃破。**10**豊臣秀吉、播磨に出陣。**11**秀吉、上月城攻略、籠城者を大量に処刑。

3上杉謙信死去。**4**信長、官位を辞する。**7**毛利勢、上月城を奪回。**10**荒木村重、本願寺と結び信長から離反。**11**信長、勅命をもって本願寺、毛利との和睦を図る。この頃九鬼嘉隆の水軍、毛利水軍を撃破。中川清秀、高山右近ら信長方へ服属。

天正　七　一五七九　**3**上杉景虎滅亡。**5**安土宗論。**9**荒木村重、有岡城を出奔。**10**宇喜多直家、織田方へ服属。**12**信長、有岡城の籠城者らを大量処刑。

天正　八　一五八〇　**1**播磨三木城の別所長治降伏。閏**3**本願寺顕如、勅命により信長と和睦、信長本願寺教団を赦免。**5**この頃織田方、毛利方に和睦を打診。**8**本願寺教如、大坂退出。信長、佐久間信盛父子を家中より追放。

天正　九　一五八一　**2**信長、京都で馬揃えを行う。**3**信長、京都で再度馬揃えを行う。遠江高天神城落城。

天正一〇　一五八二　**2**木曾義昌、織田方に服属。織田方、武田領国へ侵攻。**3**武田勝頼、滅亡。**4**信長、武田討伐より帰国。**5**朝廷、信長に三職を推任。**6**本能寺の変。

信長の「箱」――はじめに

織田信長画像（豊田市長興寺蔵）

1　信長の「箱」

†信長は「革命児」か？

日本史上最も著名な人物の一人といってもよい織田信長の名を聞いて、最初に思い浮かぶのは「革命児」ともいうべき革新的人物であったということではないだろうか。伝統的権威や因習に囚われない、時代に先駆けた思想をもち、権威を顧みたり当時の慣習にこだわらず行動する信長のイメージは、広く行きわたっているといっていいだろう。それにしてもなぜ信長は革新的だと考えられるに至ったのであろうか。

この点を、かなり早い時期に明快に述べたものは、東京帝国大学史料編纂掛の史料編纂官として『大日本史料』の編纂に携わる一方、東京帝国大学で日本史を講じた田中義成（一八六〇―一九一九）の『織田時代史』であろう。本書は田中本人が著述したものではなく、その死後に弟子たちの手によって生前講じられた講義の内容が書物となったものである。ここには織田信長の事業について「信長の幕府を廃し皇室を奉戴して、海内統一の計画をなせしは、鎌倉以来四百年の習慣を打破せる一大革新なりき」と記されている。

当時の日本の統治システムである幕府を廃止し、いち早く天皇を擁立して、いわゆる「天下統一」の事業を行ったことが「一大革新」であり、鎌倉幕府以来の政治を打破することだったというのである。明治の人であった田中には勤王こそ革新であった。明治政府の樹立と近代国家の出発という大事業を「王政復古」とみていた時代に、勤王を徳川以来の旧套を打破する革新とみることはごく自然であった。『織田時代史』が刊行された頃の小学校の教科書『尋常小学国史』（一九二一年刊）にも「信長もとより勤王の志深く、勅を拝して感涙にむせび、一身をさゝげて御心を安めたてまつらんと決心せり」と述べられている。勤王家という信長観は当時広く受け入れられていたと考えられる。

その勤王の観念は敗戦によって大きく変えられることになる。深く反省すべき日本人の重大な過失とされた戦争は、天皇への忠義の掛け声をともなってなされたものであったから、敗戦により勤王も、少なくとも手放しで革新的と讃美することは出来なくなったのである。このことによって織田信長の革新性もまた、重要な再検討の対象となるはずであった。しかし信長については、新たに伝来した武器鉄砲のいち早い採用や、キリスト教の容認などが強調されつつ「革新」のイメージは存続し、信長が革新的人物という信念はなぜか揺らぐことはなかった。

もちろん日本史では西洋史に倣い、古代・中世・近世・近代という四つの時代に区分して考えるのが普通であり、中世から近世への移行期にある織田信長の時代を変革の時代と仮定すること自体は不自然ではない。だからこの時代の信長の行動を革新的と予想することもさほど見当はずれとはいえない。しかし歴史の問題としては、信長に関わる史料からの具体的な検証が必要であろう。史料それ自体の検討を経て、信長の行動が予想通り革新的であるとの結論を導くのが手順であり、中近世移行期が変革期であるから、その時代の信長の政策も革新的であるはずだ、という推論は誤った結論を導く恐れなしとしない。

勤王から革新性を結論した論理についての検討は不十分なまま、織田信長は、天皇の権威を乗り越えようとしていたという学説が唱えられたり、勤王以外の都市政策や領国支配に革新性を求める見解が提示されたりしてきた。特に室町幕府の否定という明治以来の見解には何ら再検討がなされて来なかった。最近になって「信長は室町幕府の滅亡を望まなかった」などの新知見が提示され（金子拓編『織田信長の見た「夢」』）、革新性に関する再検討はようやく関心を呼ぶようになったといえよう。

†「天下統一」の野望はあったか？

また織田信長の事績を思い浮かべた時、誰もが考えるのは、戦争のうち続く乱れた世を統一する事業、すなわち「天下統一」をめざしたことであろう。古くから「織田が搗き、羽柴（豊臣秀吉のこと――引用者）が捏ねし天下餅、座りしままに喰らふ徳川」という狂歌で知られるように、織田信長・豊臣秀吉・徳川家康の三人がこの「天下統一」に関わっているということは、やはり日本人の常識であり、最初に関わった人物こそ織田信長とされている。これもまた広く行き渡った認識であろう。

織田信長が「天下統一」をめざしたことは、疑いの余地のない常識とされていた。「天下統一」の野望についても、先ほどの田中義成は、現代まで承認される学説を提示している。前述の『織田時代史』に「信長の上洛は、専ら義昭《よしあき》の為に図るにあらずして、足利氏に代りて、親《みずか》ら天下を平らげんとするの意に出でたるもの」とある通りである。先ほどの『尋常小学国史』にも「諸国に起りたる英雄は、多く京都に上りて天下に号令せんと志せしが、いづれも之を果さざりしに、織田信長出でて始めて其の目的を達し」と述べられ、現行の高校日本史の教科書にも「戦国大名のなかで全国統一の野望を最初にいだき、実行に移したのは尾張の織田信長」(『詳説日本史』山川出版社)と述べられている。

ところで織田信長が「天下統一」の野望をもっていたとみることの根拠はなんであろうか。信長が用いた、有名な「天下布武《てんかふぶ》」という印文の朱印状がその根拠とされており、高校日本史の教科書にも、これが信長の野望のなによりの証拠であるとされている。

しかし果して「天下布武」の朱印状は、信長の野望を示すものであろうか。この点は第三章「『天下布武』の内実」で詳しく述べたいが、実はこの朱印から信長の野望を読み取ることは大変困難なのである。さらに後にみるように、信長は一旦京都から逃亡した足利義昭を、再び将軍に迎えるにやぶさかでなかったばかりか、「天下統一」の過程とされる中国地方の大名毛利氏との戦いの間でも、毛利氏に和睦を打診しているのである。

にもかかわらず、以上みてきたように、革新的な人物であり、「天下統一」の野望を抱いた人物という、二つの面からなる織田信長観は大変強固である。信長はいわば、頑丈な観念の「箱」に入っているといってよい。様々な学問上の成果の登場にもかかわらず、信長の「箱」は牢固として健在なのが現状である。

2 「箱」の中の再検討

†「箱」からはみ出す一面

人間を理解することは難しいものである。非社交的だと思っていた人が、ある場面ではひどく人なつこいのに驚いたり、常識に富んだ人と思っていた人が、突然非常識なことをするのに面食らう、というようなことは日常茶飯事であり、「人というものはわからない」ものである。まして今や、断片的な情報によってしか知りえない、歴史上の人物についてはなおさらである。織田信長のような有名な人物は、過去からの伝承も豊富な分、誤報や誤伝もまた豊富であり、その全体的な人物像を正確に知ることは、大変困難である。

にもかかわらず「革命児」とか「天下統一」の野望の持ち主という信長の「箱」のおかげで、私たちは織田信長の人物像を意外とわかったつもりになっているのではないだろうか。それは先入観による信長像ということになる。もちろん眼の前にいる現代の人物をみる際にも、決定的なのは第一印象や世間の評判であり、それ以外に最初のてがかりはないのだから、先入観をもつことそれ自体が誤りとはいえない。しかしその先入観が、知見の増加によって、しばしば覆されることも日常的に経験するところである。「人というものはわからないもの」となる所以である。そして人物像がこのように修正されつつ、少しずつ正確になってゆくことは、現代の人物でも過去のそれでも同じである。

織田信長についても、「革命児」や、「天下」取りの野望の持ち主という強固な先入観を、ある場合にはリセットする必要があるのではないか。たとえば信長は、きわめて率直な性格であり、社会的慣習や礼儀を、当然にも軽視していたと見なされており、信長が通常の礼儀作法を蹂躙する姿は、テレビドラマなどでも見かける。傍若無人ともみえる、型にはまらない破天荒な行動と、革新性という信長像の一面とがマッチするからだろう。

しかしこうした信長像とは逆の見解もある。すでに何人かの研究者が指摘しているが、織田信長は世間の評判に敏感だったとされている。後にみるように、信長が将軍足利義昭の政治を批判した、有名な十七箇条の諫言は、義昭のやり方が、様々な面で世間の常識から逸脱しており、そのため評判を落していることを問題としているのである。

また、信長は「寛大」な性格で「絶えず日本人の心を摑」んでいた、という、当時日本にいたイエズス会宣教師の証言もある。当時の日本人は、身分、位階にふさわしい行動を

「この上もない熱心さ」で守ろうと努めている、と証言した宣教師もいるから、身分や位階にうるさい世間で、信長は評判がよかったということになるのである。

戦国時代は、中世武士のあり方が大きく変化した時代である。それまでは、相手からの加害・侮辱に対して、直ちに武力で報復する「自力救済」が勇猛な武士の証とされたのに、喧嘩両成敗の法が現れて、喧嘩は無条件に禁止され、諍いは大名の裁判で結着すべきこと、訴訟せずに実力行使に訴えたら、正当な理由があっても処罰されるようになった。

もちろん法令だけで社会慣習を消滅させることはできない。依然、偶発的な諍いによる刃傷沙汰の危険はあったから、それを避けるためにも、礼儀作法を弁えた「大人」の態度が必要だった。その時代に、礼儀作法の蹂躙が称賛されるだろうか。礼儀作法も守らず、「大人」の態度もない織田信長に、果して「日本人の心を摑」めるものだろうか。

†本書のねらい

そこで、本書では、いままでひろく知られてきた信長像を再検討してみたい。まずは本当に「革命児」であったか、を考えるために当時最大の伝統的権威である将軍と天皇とを選び、これに信長がどう対処したかをみてみることにしたい。

まず将軍足利義昭に対して、織田信長がどのような関係にあったのかを検討したい。義昭の擁立が「義昭の為」ではなく「天下を平らげんとする」目的でなされたのか、はたして義昭は無力な傀儡に過ぎなかったのかをみてみたい（第一章「信長と将軍」）。次に天皇や朝廷に対して織田信長がどのような関係にあったかである。ともすれば言われるように、天皇や朝廷が信長には、利用すべき単なるシンボルでしかなかったのか、信長はそれらを統制下におきたいと考えていたのか、等を検討したい（第二章「信長と天皇・公家」）。

第三に織田信長が果して「天下」取りの野望の持ち主であったか否かを考えてみたい。まず「天下布武」の朱印を検討し、「天下布武」の意味を明らかにしたい（第三章「『天下布武』の内実」）。さらに信長が支配領域を拡大していったとされる対毛利戦、対武田戦を最近の研究を参照しながら検討し、信長が果して、毛利領や武田領を併合し、全国制覇をめざしていたかどうかを考える（第四章「分国拡大の実態」）。以上の作業を通じて、これまで創られてきた信長の「箱」に、果して信長が収まるのか否かを検証したい。

その上で、信長が諸宗教勢力にどのように対処したかを考えてみたい。信長といえば無神論者であるとされたり、宗教的権威や信仰から自由であるという側面が強調されがちである。果してそうなのか、有名な比叡山の焼討、一向一揆との対決、法華宗の弾圧を意図したとされている安土宗論《あづちしゅうろん》をとりあげて考える。そして信長が唯一理解を示したとされるイエズス会やキリシタンに、どう対処したかも検討する（第五章「信長と宗教」）。

最後に信長の「箱」からはみ出すような、従来注目されて来なかった織田信長の一面を提示してみたい（第六章「『革命児』信長の真実」）。信長の「革命的」印象とはうらはらに伝統的権威と協調もし、諸大名との共存をも視野に入れて行動する面もあったことを述べたい。また時代に先んじた新しい思想を持っていたという印象とは対照的に、常識を重んじ、世間の評判にも敏感だった一面を述べてみたい。

歴史上の人物について考えることは、その時代について考えることでもある。この新たな信長像の可能性を通して、これまで注目されなかった、この時代の一側面を明らかにすることが出来れば望外の幸せである。

第一章
信長と将軍

足利義昭画像（東京大学史料編纂所蔵）

足利義昭を擁立して入京を実現した織田信長にとって、将軍の存在など取るに足りないものと考えられてきた。真の狙いは、自らの手による全国制覇だと信じられてきたからである。しかし果して足利義昭は、単に無力な傀儡に過ぎなかったのであろうか。

現代人はともすれば、戦国時代のような変革期には、古い権威は無力であり、新たな勢力こそ主役と考えがちである。しかしこうした現代の常識は、織田信長と足利義昭についてもあてはまるのであろうか。まずは両者の関係を具体的に検討したい。

1 足利義昭の上洛

†将軍暗殺事件

織田信長が中央の政治に登場するきっかけとなったのは、永禄八年（一五六五）五月、将軍足利義輝《よしてる》が京都の御所で暗殺されるという衝撃的な事件である。三好家の当主義継を擁する三好三人衆（三好長逸《ながやす》・三好宗渭・石成友通《いわなりともみち》）や松永久通らの軍勢が、御所を襲い、義輝は奮戦したものの討死した。義継らは義輝に替えて阿波公方足利義栄《よしひで》を将軍に擁立しようとしたのだと噂された。

将軍が白昼御所で殺害されるというこの事件が、人々に与えた衝撃は大きかった。この頃信長は、自分の花押を「麒麟」の「麟」をかたどったものに替えた。麒麟は中国の伝説上の生物であり、最も平和な時代に出現すると考えられていたものである。中世史家の佐藤進一氏は、平和な世の到来を実現しようとする、信長の決意を物語るものとしておられる。現代人には、戦国時代には起りがちな下剋上の事件のようにみえても、当時の人々には、将軍の暗殺は決してあってはならない、ショッキングな事件であった。

将軍暗殺の背景を知るためには、少し歴史を遡って、日本がいわゆる戦国時代に突入した、一五世紀末からみる必要がある。この時期の、明応の政変とよばれる事件は、戦乱の時代の本格的な到来を告げるものとされている。これによって将軍家が二つに分裂したため、分裂したそれぞれを支持する勢力の抗争が、長期にわたって起ったからである。

明応二年（一四九三）、将軍足利義稙《よしたね》（義材《よしき》・義尹《よしただ》・義稙と改名していくが最終名に統一）を、幕府の有力者であった細川政元が、他の諸大名と謀って廃位し、かわりに足利将軍家一族で、天龍寺の喝食であった香厳院清晃を還俗させて将軍に擁立した。こうして新たに将軍足利義澄《よしずみ》（これも義遐《よしとお》・義高《よしたか》・義澄と改名していくが最終名で統一）が誕生した。家臣が

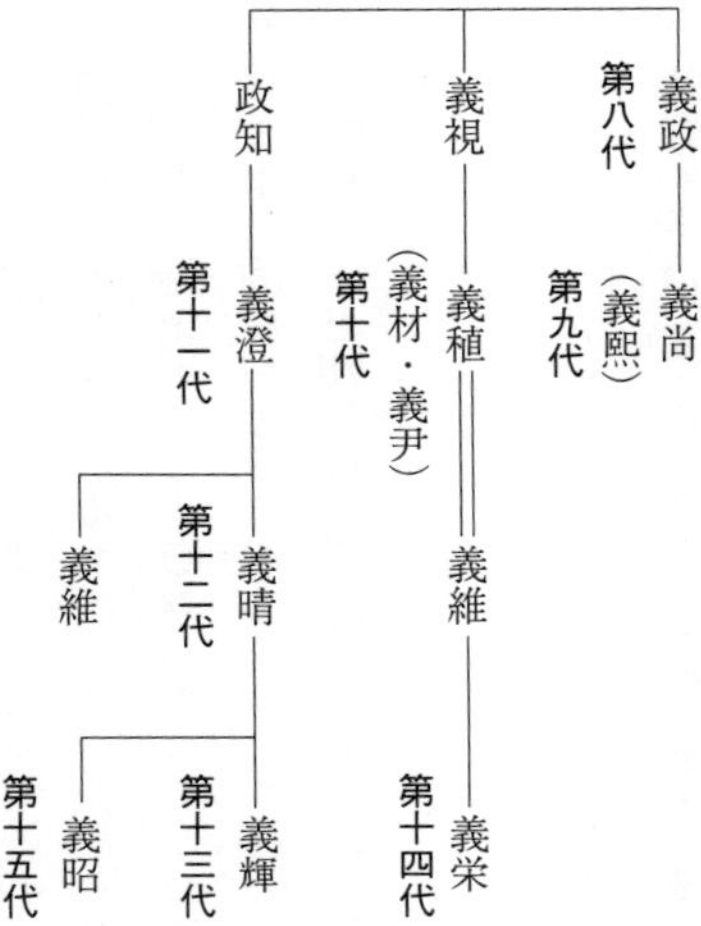

図1　室町将軍家略系図
拙著『戦国乱世を生きる力』〈日本の中世 11〉中央公論新社、2002 年、159 頁

主君をとり替えるという破天荒な結末のために、下剋上を象徴する事件とされている。

しかし、一旦は龍安寺に幽閉された足利義稙であったが、やがてそこを脱出し、越中国の武士神保氏を頼り正光寺に居を据える。将軍の到来に、越前朝倉氏、能登畠山氏、越後上杉氏、加賀富樫氏など北陸の諸大名がこぞって馳せ参じ、中央にとっては侮りがたい勢力をもつようになる。こうして将軍家が二つに分裂し、足利義澄・義稙双方を支持する勢力が対立するに至り、畿内における戦国の争乱の大きな要素となったのである。

明応の政変の立役者細川政元は、後継者をめぐる争いの中で暗殺され、細川家もまた二つに分裂し抗争する事態の中で、永正五年（一五〇八）に足利義稙は、細川高国と大内義興を味方につけて将軍に復帰した。それでも将軍の地位は安定せず、やがて義稙は自ら出奔し、後継者の足利義晴《よしはる》も、義稙の養子であり兄弟の、足利義維《よしつな》と抗争することになった。結局義維は阿波国に退去するものの、依然「四国室町殿」とも呼ばれ、紛争の核のままであった。三好三人衆が擁立した足利義栄はこの義維の子であり、一方暗殺された足利義輝は義晴の子である。つまり義輝暗殺事件は、一六世紀を通じて断続的に起った、二つの将軍家の存在がもたらしてきた紛争の一つとみることができるのである。

義輝が暗殺された時、弟の覚慶は奈良興福寺一乗院の僧侶となっていた。三好三人衆らは覚慶を幽閉したが、覚慶は朝倉義景・細川藤孝らと通謀して脱出し、上杉氏、相良氏を始め諸国の大名に幕府再興を呼びかけた。

翌年二月に還俗して足利義秋と名乗り、太刀など進物を天皇に献上し、五月には父足利義晴の法事を行い、兄義輝の一周忌を行った。義秋が後の将軍義昭である（義昭と改名するのはこの二年後であるが、以下義昭で統一）。この年義昭は幕府の再興を唱え、諸大名に、自分の上洛に「供奉《ぐぶ》」するよう促したが、この時供奉を申し出たのが織田信長であった（〈永禄九年〉八月二日足利義昭御内書案、『研究』上九三）。

†信長の登場

さて織田信長が足利義昭の呼びかけに応じたのはなぜであろうか。前に触れたように、将軍足利義輝の暗殺に衝撃をうけ、平和の実現を決意したという、信長個人の事情もあるかもしれない。だが単なる個人の決意でことはすまないであろう。信長は当時、尾張の大名の地位にのし上がっていたのである。まずは信長が如何にして、義昭の呼びかけに応じることのできるような大名へと勢力を伸ばしていったかを考えたい。

織田氏はもともと、尾張国の守護大名であった斯波《しば》氏の家臣の出とされる。もともとの本拠地は越前国織田荘であり、同荘にある織田剣神社はその氏神とされている。越前国守護が斯波氏であったことが縁で斯波氏に仕えるようになり、斯波義重が尾張国の守護大名となると、その守護代となったとされる。後に清洲城を拠点に尾張国下四郡を支配する織田大和守家と、岩倉城を拠点に上四郡を支配する織田伊勢守家とに分かれる。織田信長の父織田信秀は、大和守家に仕える一族の分家で、弾正忠《だんじようのちゆう》を名乗り、三奉行の家柄であった。

織田信秀の嫡子として信長が活動し始めるのは、父信秀が隣国との争いで劣勢にたっていた時であった。西側の美濃斎藤家との間では、天文一三年（一五四四）に越前朝倉氏と結んで、美濃国稲葉山城下に侵攻するも大敗し（九月二五日長井秀元書状、『愛』一〇・一五二五）、斎藤道三から美濃大垣城への攻撃をうけ、国内でも信秀に反逆する動きが現れたため（『信長公記』首巻）、美濃との和睦を進め、嫡子信長室に道三の息女を迎えるに至った。同じころ東側の三河では、三河国衆松平氏を組織して侵攻する駿河今川氏との戦いで、それまで確保していた三河国安祥城を奪われ、さらに今川義元自身の出陣により尾張国自体がその攻撃に曝される（『定光寺年代記』、『愛』一〇・一七五四）に至っていた。信長は劣勢の中で揺らいだ領国支配を立て直すべく登場した（下村信博「織田信秀の台頭」）。

その後父織田信秀が死去すると織田信長は弟の織田信成（信勝・達成・信成と改名していくが最終名に統一。なお一般に知られる信行の名は同時代史料にみえず確証に乏しいとされている）と抗争することになる。信成は弾正忠家の主家であった大和守家と結んだ（柴裕之「戦国期尾張織田氏の動向」）。

一方信長は上総守を名乗り、主家筋の守護代織田大和守家と戦う。清洲城にいた守護大名斯波義統《よしむね》が、信長に通じているとみた大和守家の坂井大膳らが義統を暗殺すると、信長は義統子義銀《よしかね》を擁立し、叔父織田信光の助力を得て清洲城を奪取し、大和守家を滅ぼした。

弘治二年（一五五六）に舅の斎藤道三が嫡男の斎藤義龍と戦って滅ぼされると、義龍の

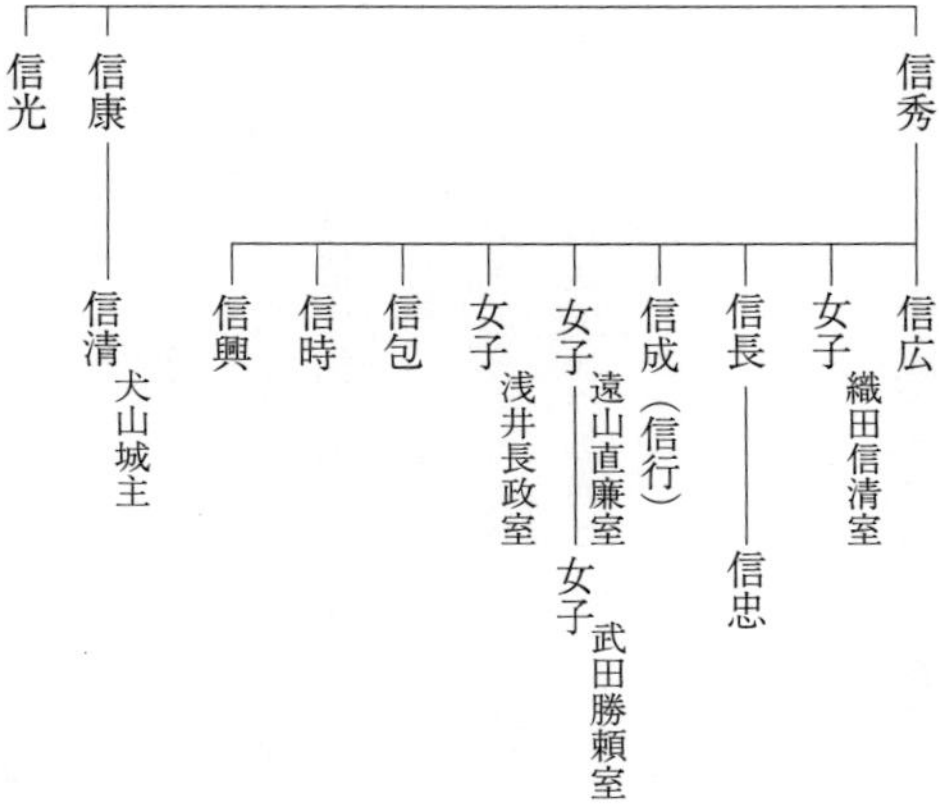

図2　織田氏略系図（「織田系図」〈続群書類従六上〉をもとに作成。本書の叙述に関わるものを中心に提示した）

支援のもとに反信長派が台頭することになった。

尾張の岩倉城主織田伊勢守は義龍と結び、弟の信成は林佐渡守、同美作守、柴田勝家らに擁立され、織田信長に敵対した。さらに信長の異母兄織田信広も義龍と通じたという（『信長公記』首巻）。信長は信成を稲生での合戦で破り、信成方は信長の母の口利きで一旦赦免された。しかし信成は、家督継承者の官途名である「弾正忠」を名乗り、織田伊勢守と通じた。柴田勝家の通報によってこれを知った信長は、信成を清洲城に呼び寄せて殺害した。

永禄二年（一五五九）には将軍足利義輝に謁見しており、この年織田伊勢守家は滅びた。翌年桶狭間の合戦で今川義元を敗死させ、義元の死後三河国で勢力を伸ばしつつあった徳川家康（当時は松平元康だが最終名で統一）と和睦し、領国の安定を進めた。そして永禄八年、敵対する一族織田信清の犬山城を攻略し、尾張平定を成し遂げたとされる。義輝暗殺事件の起った年と同じ年であった。

†最初の「供奉」の試み

最初に足利義昭が、入京する自分に「供奉」するよう諸大名に呼びかけた永禄九年（一五六六）、織田信長は、舅斎藤道三の戦死に始まる、隣国美濃国斎藤氏との抗争のさなかであった。にもかかわらず信長は義昭に「参陣」することを申し出たという（『多聞院日記』永禄九年八月二四日条）。足利義昭も交戦中であった斎藤龍興に「織田信長が将軍への参陣を申し出たのであるから、尾張に対する停戦に同意すれば、将軍への忠節となろう」と勧告した（閏八月一八日氏家直元等連署状、『愛』一一・五一六）。

しかし信長は結局美濃へ侵入して斎藤氏側と合戦し、敗北したために、この時の「参陣」は叶わなかった。しかし斎藤氏側は、自分たちは停戦の約束を守ったのだと主張し、その実情を次のように述べている（同上）。

美濃と尾張との間の合戦は、先の書状でも申しました通り、公方様が御上洛されるに際して、織田信長が参陣を請けあったから、尾張に対して当美濃方が停戦に同意すれば(将軍への)忠節となろう、と(公方様から)仰せられました。(信長が)参陣するなど全くの嘘だとは存じましたが、(停戦に)同意しなければ、美濃の側から御上洛を妨害したので、(参陣できなかったのは)私の落度ではありませんと(信長が)弁解するつもりなのだと判断し、また若し本当(に参陣するの)であれば、公儀のために結構なことですので、御下知に全て従いますと起請文(神仏に誓約する文書)まで認め、細川藤孝殿に申し上げたのです〈濃・尾の間の事、先書に申し入れ候如く、公方様御入洛に付て、織田上総参陣御請け申すの条、尾州に対し此方矢留の儀、同心せしめば忠節たるべきの由、仰せ出され候。参陣一向不実に存じ候といへども、肯はざれば、濃州として御入洛を相妨ぐるの条、已の越度にあらざるの通り申し成すべき巧みと分別せしめ候。若し又治定においては、公儀御為然るべく存じ候。旁以て悉く御下知に任するの由、罰文已下相認め、細川兵部大輔殿へ返す〳〵申し候間の事〉。

†予想外の将軍の権威

ここで注目すべきは、第一に、足利義昭が上洛できなかったのは、斎藤氏側が命令に背いたためだとされることを避けたがっている、ということである。そしてまた織田信長も、将軍の命令に、自分から背いたとは思われたくないと考えるに違いないと、斎藤氏からは見なされていることである。そもそも将軍とはいいながらまだ流浪の身で、軍事力の上では取るに足りない義昭が、当時の人々の間でこれほどの権威を保持していることは、現代人には理解しがたい。しかしそれがこの時代の、否応ない現実であったことが窺える。

第二に義昭上洛の上で、実質的な軍事力は信長の側にあることが明白であるにもかかわらず、信長の行為は義昭への「参陣」なのである。ここでも将軍の権威の一端がみえているが、この点については後に詳しくみていきたい。

続いて斎藤氏側は、事の成り行きを次のように説明している。

織田が通っていく近江の通路等をも調えたので、「参陣」を急ぐようにと細川藤孝殿が再度、尾張へ下向して催促したところ、この期に及んで織田信長は約束を違えました。当方は兼て睨んだ通りと驚きもしませんでしたが、公方様はがっかりなされて御手を打たれたとのことです〈織田罷り通るべき江州路次番等も相調ふの間、参陣差急ぎ候様にと、細兵〔細川兵部大輔〕重ねて尾へ下向候て催促の処、此の期に至り織上〔織田上総〕違変せしめ候、此方には兼て案々図に候条、更に事新しからず候。公儀御無興言語道断、御手を撃たるゝの由に候〉。

斎藤氏側が将軍の命令に従ったにもかかわらず、約束を違えた信長が「天下に恥をさらした」と力説している。

†義昭上洛の実現

上洛に失敗した足利義昭は、近江国の大名六角氏が三好義継・松永久秀らと通じたため、近江国矢島の御所も安全とは言えなくなり、同年九月に越前国敦賀に至った（九月一三日足利義昭御内書、『愛』一一・五一九）。朝倉氏に保護を求めたのである。そして越前から、本願寺に対し、越前朝倉氏との和睦を勧告しており（『顕如上人文案』永禄九年一〇月二〇日条）、上杉謙信（当時は輝虎、以下謙信で統一）に対して、北条・武田との和睦を実現して自身の上洛に尽力してほしいことを依頼している（二月二四日足利義昭御内書、『上越』別一・五五〇）。朝倉氏にとっては宿敵加賀一向一揆との和睦を、上杉謙信に対しては交戦中の武田氏との和睦を実現した上で、自身の上洛に専心させたいとの意向からであろう。

ところが織田信長には好機がやってきた。永禄一〇年八月、斎藤氏の傘下にあった稲葉良通・氏家卜全《ぼくぜん》・安藤守就《もりなり》の美濃三人衆が、織田方に味方すると申し出て人質を進上してきたのである（『信長公記』首巻）。これを喜んだ信長は、まだ人質を受け取らないうちに軍勢を派遣して、稲葉山城へ攻めかかった。城下町に放火して城の廻りを包囲し、攻撃した結果、斎藤龍興は降参を申し出て伊勢国長島に退散した（同上）。そして九月、信長は美濃平定に成功したのである。

稲葉山城に移住し、城下を岐阜と改め、本拠地とした。この年一一月の坂井利貞宛の朱印状が「天下布武」の印文の朱印状の初見である。義昭への「参陣」を妨げていた斎藤氏という障害が除かれた直後に、この朱印状が用いられるようになったのは大変興味深いことであるが、この点は第三章で詳しく考えたい。

翌永禄一一年七月、足利義昭は「とにかく美濃へ御座所を御移し下されば、御入洛にすぐさま御供致します」との織田信長の言葉に動かされ、朝倉義景も納得したので美濃へ向かった（七月八日新保秀種等連署状、『愛』一一・五六〇）。美濃国立政寺《りゅうしょうじ》に義昭を迎えた信長は、近江の六角氏と交渉し、義昭上洛の路次に関して人質を進上し、尽力すれば侍所所司代（侍所長官代理）に任じるとの条件を提示したが、六角承禎は同意しなかったという（『信長公記』巻一）。

この上は、と近江に侵攻して六角氏を追い、桑実寺に義昭を迎え、さらに京都をめざした（同上）。三好三人衆は京都を脱出し、その後に義昭と信長は上洛し、三人衆の一人石成友通の籠る勝龍寺城を攻略し、摂津に進出する。三好義継、松永久秀は降参し、河内国畠山氏も服属する。こうして畿内一円を従えた義昭・信長は京都に凱旋した。この畿内平定については第三章で詳しく検討することにして、ここでは、この一連の行動における義昭・信長の位置関係を考えたい。

主体はあくまで将軍

まず両者の入京の主体はあくまで足利義昭であった。先ほどみたように足利義昭に従う織田信長の行動は、義昭からみれば信長の「供奉」、斎藤氏からみれば信長の「参陣」であったが、信長自身、「（公方様の）御上洛にただちに供奉する〈御入洛の儀、不日供奉致すべく候〉」と述べている（一二月一日織田信長朱印状、『研究』上八二等）。

さらに上洛直前にも、上洛に向けて甲斐国の武田信玄と和睦したことを、上杉謙信に報告し、謙信にも信玄との和睦を要請しているが、その中で「公方様の上洛に供奉することを御請けした」と述べている（七月二九日織田信長書状、『研究』上九二）。少なくとも世間への建前として、信長はあくまで、自分は将軍足利義昭の上洛に従うお付の者であると公言していたのである。

一方、織田信長の家来たちはこの行動をどうみていたか、信長の親衛隊を務めた太田牛一が著した信長の一代記『信長公記《しんちょうこうき》』をみてみよう。『信長公記』巻一によると、足利義昭と信長とが入京したのが永禄一一年九月二八日、翌日に京都郊外の勝龍寺城へと出陣し、三好三人衆の一人石成友通を降参させると、次の日には摂津国芥川城に攻めかかって細川昭元や三人衆の三好長逸らの抵抗を退け、「信長に供奉されて義昭は芥川城に入った〈芥川の城、信長供奉なされ、公方様御座を移され〉」。やがて摂津の池田勝正が降参し人質を進上した結果、「五畿内や隣国は悉く将軍に従った〈五畿内・隣国皆もつて御下知に任せらる〉」という。松永久秀、今井宗久らが高価な音信の品をもって挨拶に訪れ、芥川城へ義昭が滞在している間、「信長へお礼を申上げ」るために、門前に市をなすありさまであった。

やがて足利義昭は芥川より京都に帰還、織田信長も安堵して帰京した。なお畿内には義昭に背く者らが籠城していたが、「風に草木の靡くが如く」一〇日余りの間に退散し、「天下は将軍の思いのままとなり、細川邸を将軍邸に定めて、信長が供奉し、そこで信長は将軍へ太刀・馬を進上した〈天下御存分に属し、細川殿屋形御座として信長供奉なされ、御殿において御太刀・御馬御進上〉」ため、信長は「ありがたいことに将軍の御前に召し出され、三献の振舞いに与り、さらに将軍の御酌で盃と剣を拝領した〈忝くも御前へ信長召し出だされ、三献の上、公儀御酌にて御盃ならびに御剣御拝領〉」という。

以上からみると、足利義昭・織田信長の上洛の主役は、織田信長の家来太田牛一からみても足利義昭であり、信長はそれに供奉するものであった(久野雅司「足利義昭政権論」)。上洛とそれに続く畿内での軍事行動が終わった後、信長は義昭に祝儀の品を献上し、それに対して義昭が「忝《かたじけな》くも」信長に盃と剣を与えたと記すが、義昭・信長以外の第三者からみても、この軍事行動の主役が足利義昭その人であったことは明らかであろう。

確かに摂津国芥川城では信長への挨拶を求めて諸人が門前市をなしたとの記述がみられるが、これは信長が義昭の側近であったからとみた方がよさそうである。上洛数年後の奥書をもつ『細川両家記』も信長が「一乗院殿(義昭)に御供申して」「御入洛」したと記している。足利義昭・織田信長両者のその後の成り行きを知っている我々現代人は、どうしても後世の結果から信長を主役とみ、義昭は単に信長の担ぎ上げた旗印と見がちである。

そもそも明治以来の歴史学の常識として、そうみるものと教えられてきた。しかし、当時の史料上の表現からみる限り、義昭自身はもちろん信長も義昭を単なる傀儡とはいわなかったし、恐らく第三者からみても、義昭は傀儡ではなかったと思われる。

2 主君足利義昭

†三好三人衆の義昭襲撃

足利義昭が入京してまもない永禄一二年（一五六九）正月五日、三好三人衆は義昭の滞在する本圀寺を急襲する。義昭は自ら戦いに臨み、また側近の奉公衆ら親衛隊に加え、池田・伊丹など摂津国衆らと三好義継らの力を得て、三好三人衆を撃退することができた。首尾よく三好三人衆を撃退した足利義昭は、三好三人衆の本拠地である四国討伐を毛利元就・輝元に命じている（『吉川家文書』正月一三日足利義昭御内書）。

三好三人衆の本圀寺襲撃の報せは、翌六日に岐阜の織田信長のもとに、飛脚によって伝えられた。信長は直ちに「一騎懸」、すなわち単身で大雪の中を京都に向かった。付き従う人夫以下は、大雪のために凍え死んだ者もいたという(『信長公記』巻二)。僅か一〇騎ばかりの人数で三日かかる道のりを二日で走破し、六条本圀寺に駆け込んだという(同上)。

上洛した織田信長は、足利義昭の御所に防備のないことを懸念して、同様に上洛した尾張・美濃・近江・伊勢・三河、さらに五畿内、若狭・丹後・丹波・播磨など十四ヶ国の味方の武士たちを動員し、もと斯波義廉の屋敷であった二条邸を修理して将軍御所とした。やがて御所が完成すると、信長は義昭に祝儀の品を献上し、義昭は信長を「御前」に召し出して三献を振舞い、義昭自ら酌をして剣を与えたことは「御面目の次第は申すも愚かであった」(『信長公記』巻二)という。

†忠義のアピール

ところで織田信長が京都六条本圀寺の足利義昭の許に馳せ参じた際、付き従う人数は騎馬武者一〇人に過ぎなかったと『信長公記』は記している。この人数では戦力として物の数ではない。独力で三人衆の攻撃を撃退した義昭の軍勢に比べて、ほとんど軍事的な意味はないといってよいだろう。にもかかわらず信長は、一目散に義昭の許に馳せ参じたのだとすれば、信長の行動は将軍義昭への、命を捨てての忠義を自ら実践し、周囲へもアピールするという意味しかないといってよい。

信長が義昭危急の報せに、敢えてこのような行動を取ったことは見逃せないと思われる。そして将軍に対して忠義をアピールしたのは信長だけではなかった。この時、尾張、美濃、伊勢、近江、若狭、丹波、摂津、河内、山城、和泉など諸国の武士たち八万人ほどが、信長上洛の報せを受けて同じく上洛したという（『言継卿記』）から、これだけの武士たちが将軍への忠義をアピールしたことになる。

確かに尾張・美濃・伊勢・近江は、この時信長の分国となっていたから、この地の武士たちは、信長の動員に従ったとみる余地はある。しかしそれ以外の国の武士たちは、まず義昭への忠義により上洛したとみるのが自然ではないか。ともあれ、信長が単身であれ、将軍の許に馳せ参じるべきであると考えていたこと、仮に尾張・美濃・伊勢・近江の武士たちに動員をかけたとしても、彼らを結集し、その軍勢を引き連れてではなく、自分が先陣を切って、馳せ参じるべきであると考えていたことは動かないように思われる。

†信長に「天下」を委任する

永禄一二年（一五六九）一〇月、足利義昭と織田信長とは不和になって、上洛中だった信長は岐阜に帰ってしまう。両者の不和が側近の手で修復され、その上での五ヶ条に及ぶ契約が明智光秀、朝山日乗《あさやまにちじょう》を証人として作成された（永禄一三年正月二三日足利義昭・織田信長条書、『研究』上二〇九）。ここでは次の五ヶ条の事柄が規定されている。

一、諸国へ将軍が御内書《ごないしょ》（将軍が命令を伝えるために発給する文書）を出す際には予め信長に内容を仰せられ、信長の手紙を添えるべき事。

二、将軍がこれまでに行った命令は全部一度破棄し、さらにお考えになってから定められるべき事。

三、将軍に対して手柄を立てた者に恩賞を与えるべき時に、もし適当な領地がなければ、信長の領内であろうと、将軍の命令次第に信長が与えるべきこと。

四、天下の事はどのようにも信長にお任せになった以上、将軍のご命令なしに、信長が自分の判断で計らうべきこと。

五、天下を平和になされた以上、朝廷に対する職務には、一つとして抜かりがあってはならないこと。

これは織田信長が足利義昭に迫って将軍の実権を獲得し、義昭を傀儡に過ぎない立場へと追いやったことを示すものと評価されている史料である。確かに将軍の命令を伝える御内書を発する時に信長にその内容を知らせて信長が手紙を添えるとなれば（第一条）、将軍の命令は信長に事前検閲されたも同然であり、将軍が「天下の事」を信長に委任し、信長が自分の判断で行うのであれば（第四条）、政治の実権が信長にある、と宣言しているようにみえる。さらに将軍の命令を一旦破棄し、考え直すべきことを確認している（第二条）ことからみれば、義昭の行動を信長が掣肘しえていることは疑いないようにみえる。

しかしこの三年後、足利義昭と織田信長は決定的に対立し、信長が義昭に十七箇条の諫言を行ったことはよく知られている（『尋憲記』元亀四年二月二二日条、『研究』上三四〇）。その内容は後にも触れるが、そこで義昭の朝廷に対する処置や（第一条）、義昭が馬をねだる御内書を発したことが批判され（第二条）、義昭の行った論功行賞が非難されている（第三条）ことは上記の点と矛盾するのではないか。

なぜ、義昭の天皇や朝廷に対する業務の怠慢を信長はチェックできないのか、諸国の武将らに馬をねだるような御内書を、信長は検閲できなかったのか、信長の許可なしに不適切な論功行賞が成し得たのか、が説明できないからである。将軍への忠節にもかかわらず、恩賞を与えられない者たちの不満を、信長が取り次いでも聞く耳をもたなかった、という非難（第七条）など、信長が実権を掌握していればありえないことではないだろうか。

永禄一三年正月時点でとりきめられた、御内書を信長が事前に確認するという約束（第一条）は反故にされたと考えざるを得ないし、第二条は、義昭がそれまで行った命令を撤回したことがあったにしろ、極めて限定されたものだったと考えられる。さらに第四条にみえるように義昭が信長に「天下の事」を委任すると言ったには違いないにしろ、信長がその後総てを専断で行ったとはいえず、これもまた限定された内容を指すと思われる。

それでは限定された内容とは、どのような事柄に関するものであろうか。この五ヶ条の条書と同日の、諸国の大名らに「内裏の修理、将軍に対する職務、及び天下の平和」のために上洛を促した織田信長の命令（『二条宴乗日記』元亀元年二月一五日条『日記抜書』、『研究』上二一〇）が注目される。そしてこの五ヶ条の条書は、実のところ、この命令を実施するに際して足利義昭との間で確認されたものではないか。

例えば諸国の大名を動員した内裏の修理は「朝廷に対する職務には、一つとして抜かりがあってはならない」から行うものだと思われる。また、そのために尽力した大名に将軍の手で恩賞を与えることができなければ「信長の領内であろうと、将軍の命令次第に」恩賞を与えることを、信長が請け合うことも十分ありうるであろう。それでも渋る義昭に、天下の事は「信長にお任せになった」はずだと反論し、反対を封じたとみることができる。

もちろんこの点は、今後十分に検討されなくてはならないが、一般的に言って中世の取り決めの文書は、極めて簡潔な言葉で記されるのが常であり、具体的個別的な取り決めでも、一般性をもつ印象を与える場合が多い。記された言葉を、現代の言説そのままに、普遍的な原則として解釈することは危険である。織田信長にはまだまだ、義昭の、将軍としての権威が必要であった。例えば、この年に起った朝倉・浅井との戦いである。

朝倉・浅井との抗争

元亀元年は織田信長にとって多難な年だった。四月に信長は越前国朝倉氏討伐に出陣するが、その際、姻戚関係を結び味方と信じていた浅井氏が離反し、さらに近江国で六角氏がこれに呼応して蜂起した。六月の、有名な姉川合戦では、信長は徳川家康の支援を得て朝倉・浅井連合軍を撃破することができた。

一方、三好三人衆が摂津国池田氏の内紛に乗じて、再び摂津国に進出する。九月、その三好三人衆討伐のために摂津国に出陣し、野田・福島で三人衆と対峙していた足利義昭と信長の軍勢に対し、突如本願寺が蜂起する。これに力を得た朝倉・浅井連合軍は比叡山延暦寺を味方につけて近江国坂本に進出した。義昭・信長の畿内制圧で敗北した三好三人衆と、それに味方する勢力が共同して動き始めたのである。

四月の段階で織田信長が越前に出兵したのは「上意」（将軍の命令）による若狭国武藤氏討伐のためであった。武藤氏は降参し、これを背後であやつっていたのが朝倉氏と判明したため、越前に侵攻したとは信長の言い分である（七月一〇日朱印状、『研究』上二四五）。姉川合戦も、戦場に足利義昭を迎えて、その上覧の下に行われるはずであったのだが、摂津国池田氏の内紛により延期されたのである（『言継卿記』六月一九日条）。三好三人衆を討伐すべく行った出陣も、信長、公家衆と奉公衆・美濃国衆らがまず出陣し（同上八月二三日・二五日条）、奉公衆や公家衆が迎えに上洛して後、足利義昭が出陣している（同上八月二九・三〇日条）。要する信長軍は将軍の軍隊として行動していた。

†「上意」による和睦

急遽帰京した後、朝倉・浅井氏と延暦寺の連合軍と対峙する中で、一〇月には土一揆が京都を襲い、一一月末には堅田の守将坂井政尚が朝倉・浅井軍の攻撃に敗死し、織田信長はほとんど敗勢になる。この折に朝倉義景と信長との双方に和睦を勧告したのは足利義昭であった（『言継卿記』一一月二八日条）。園城寺に関白二条晴良を伴って出向いた義昭は、「御名代」を晴良に命じ織田・朝倉双方への交渉を行わせ（『尋憲記』一二月一二日条）、さらに晴良から、両者の和解がなければ高野山へ隠遁すると伝えさせたところ、双方共直ちに和睦に応じたという（同上一二月一三日条）。

足利義昭は小早川隆景宛の御内書で「様々に説得して和睦させた〈種々詞を加へ無事せしめ〉」と述べ（『小早川家文書』一二月二七日御内書）ている。また織田信長は「将軍の命令で交渉・決定した以上〈上意として申談ずる上は〉」義景との和睦を守る旨誓約しており、さらに「義景殿に対して今後はよくよく御相談致します〈義景に対し自今已後、深重に申し談ずべき事〉」（『後撰芸葉』所収元亀元年一二月織田信長起請文）と言明している。

この年の一一月に、信長が浅井氏と交わしたとされる和睦契約には「公方様の政治に誤りがある時は」相互に相談すること、「公家や門跡方の政治については貴国（つまり近江浅井氏）からなされるべきであることに相違ありません」（『大津市歴史博物館所蔵文書』元亀元年一一月二八日朱印状）と記し、屈辱的ともいえる低姿勢の文言がみられる。

つまり織田信長が、敗勢の中で和睦したことは恐らく確かであり、にもかかわらず和睦に持ち込めたのは、足利義昭の力が大きかったことは否めない。当初から義昭と信長との対抗関係を想定して、義昭が朝倉、浅井らの蜂起の背後で糸を引いていた、という穿った見方もなくはないが、勘繰り過ぎだと思われる。義昭は信長の後ろ盾として大きな力をもっており、信長にとっては、そうした意味で大事な主君だった。

現代の我々に不思議に思われるのは、足利義昭が織田信長と朝倉義景の仲介をなしえた事実である。両者の戦争はそもそも義昭の「上意」から起ったことであり、信長は一貫して将軍の「上意」を受けて義景と戦っていたはずである。いわば当事者であるはずの将軍が、なぜ信長と義景の和睦を勧告できるのだろうか。理由はともかく、この時点で義昭が、織田・朝倉両大名を超越する権威を有していたことは確かである。少なくともこの時点まで信長は、将軍の権威に守られる立場であったと考えられる。

十七箇条の諫言

翌元亀二年五月には、織田信長は浅井氏と交戦を再開し、朝倉氏との戦いを始めた。本願寺との交戦も、一旦は本願寺を「候人《こうにん》」(保護下の存在)としていた青蓮院の仲介で停戦となった可能性もあるが(『青蓮院文書』元亀元年一〇月晦日尊朝消息)、元亀三年には、信長の言葉によれば「天下への謀叛」を企て再蜂起している（七月一三日朱印状、『研究』上三三〇）。この戦いは、朝倉・浅井両氏が滅亡する天正元年まで続くことになるのであるが、その年、先ほど述べたように信長にとって大きな意味をもっていた将軍足利義昭が、織田信長により京都から追放されるに至ったのである。

義昭と信長の関係が悪化したのは、武田信玄の動きによるところが大きい。この点については第四章で詳しく述べるが、もともと友好関係にあった信長と信玄とは、美濃国遠山氏の動きによって関係を悪化させていった。すなわち織田にも武田にも服属する両属関係にあった遠山氏が、織田との関係を切って武田に服属するようになり、織田領国と、武田領国との境目の政治状況が不安定になった。織田・武田間の対立が、足利義昭の動向にも影響を与えたものと考えられる。

足利義昭と織田信長との間が決定的に決裂したことを示すのは、信長が義昭に宛てた有名な「十七箇条の諫言」である。これは元亀三年九月のものとされており、その根拠は『永禄以来年代記』元亀三年九月条の「将軍へ信長より十七条の意見書を進上してから両者の関係が悪くなった」という記事である。しかし同書天正元年正月の条にも「正月から義昭と信長の仲が悪くなり、京都は戦さの噂で物騒になった。二月一五日に信長の使者が上洛し数度の交渉の後敵対関係となった」とある。すなわち同書には義昭と信長との決裂を元亀三年九月とする記事と翌元亀四年（七月改元して天正元年）正月とするそれとが混在している。

そして次の二つの史料から、このうち後者が妥当と判断される。一つは元亀三年一一月一三日、将軍側近の曽我助乗に宛てた織田信長の書状（『研究』上三四六）である。三好三人衆方の安宅信康が降伏を申入れてきたが、どうするか諮問した義昭に対して、降参の受け入れに賛成する旨を伝えたものであり、両者が依然一体であることが窺える。

もう一つは将軍側近の朽木輝孝に宛てた一一月一九日の徳川家康の書状（『塩川利員氏所蔵文書』）である。武田信玄の遠江侵攻に対して出された、義昭の御内書に感謝を表明したものである。これも義昭が依然織田・徳川の味方であることを示すものである。武田信玄の遠江・三河侵攻が始まった段階でも、義昭と信長とは一体であったといえよう。

「十七箇条の諫言」が当時の記録に登場するのは、興福寺大乗院の門跡《もんぜき》尋憲《じんけん》の日記『尋憲記』の元亀四年（つまり天正元年）二月二二日の記事であり、恐らくこの時期に世上に出回っていたと考えられる。長文で全部紹介出来ないが、主な内容は次の通りである。

第一条　将軍足利義輝が天皇や朝廷への業務が怠慢であったため、非業の死を遂げたというのに、義昭も同じく天皇や朝廷への業務に怠慢であること。
第二条　義昭が諸国（の大名・武士）らに御内書で馬をねだっていること（第六章参照）。
第三条　忠勤を励む部下に相当の褒美を与えず、大した忠勤もない者に褒美を与える、不適切な恩賞のやり方をしていること（第六章参照）。
第四条　戦争が始まるとの噂を聞いて、早速御所から逃げ支度をしたので、京都住民が将軍への信頼を失い、大騒ぎになったという失態は、将軍にあるまじきこと。
第七条　何ら落ち度なく奉公しているのに、扶持を与えられない者たちの希望を、信長が取次いだにもかかわらず、聞き入れなかったこと。
第九条　喧嘩の罪を咎められた小泉の財産を没収した処置は理不尽であり、将軍が法を軽んじ、欲張りであると世間は思うにちがいないこと（第六章参照）。
第一〇条「元亀」という年号が不吉であると世間の評判が悪いので、朝廷でも改元を考えているのに、一向に実施の手立てをしないこと（第六章参照）。
第一四条　御所の兵粮米を、合戦に備えて備蓄するどころか、売却して金銀に替えたこと（第六章参照）。
第一五条　宿直の若衆に、不相応な扶持を与えて世間の批判を招いていること（第六章参照)。

第一六条　配下の者たちも武器や兵粮を準備せず、金銀の商売にふけっているのは、戦争の噂に逃げ支度をするような、無責任な主君(義昭)の態度が原因であること。

第一七条　欲深で理非も考えず、外聞も眼中にないために、下々の土民まで「悪しき御所」と呼び、陰口を聞いているのに、一向反省のないこと(第六章参照)。

この批判が、総て足利義昭に当てはまるかどうかは確かめようがない。だがここには、当時の将軍に要請された資格が、見事に示されていると思われる。第一に天皇や朝廷に厚く奉仕すること、第二に首都である京都の領主として、家臣や京都住民の信頼にたる存在であること、配下の者への恩賞も処罰も公正なものであるべきこと、そして世間から芳しくない評判を受けるような真似はしないこと(この点は第六章で触れる)、である。信長は義昭に、あなたは家臣や京都住民の尊敬に値する将軍ではない、と宣言したのであった。

†将軍追放

織田信長は足利義昭の離反を「御謀叛〈御逆心〉」と表現しているが、その謀叛をそそのかした「佞人《ねいじん》」（悪人）は武田信玄と朝倉義景であると、伊達輝宗への書状の中で述べている（一二月二八日朱印状、『研究』上四三〇）。先ほど述べた織田・武田双方の勢力圏の境目で起こった紛争に加え、朝倉、浅井、本願寺等との関係からであろう、この三者と連繫しつつ、信玄は元亀三年一〇月初めに、三河・遠江へ向けて進撃を開始した（一〇月一日武田信玄書状、戦武一九六四等）。

この時、織田信長は、足利義昭の意向の下に、武田信玄と上杉謙信の和睦を斡旋していた。信玄の出馬直後の一〇月五日には、甲斐・越後の和睦が注目されている時に、信玄が出陣するのは如何なものか、との申し入れに賛同して下さったのは結構である、と極めて友好的な書状を認めていたのである（同日書状、『研究』補一三〇）。そして信玄の出馬を知った信長は怒りをあらわにし、信玄の行動は「前代未聞の無道」で「侍の義理」を知らない、「世間の嘲りを顧みない行為〈都鄙の嘲弄を顧みざる次第〉」であると罵倒し、永久に絶交すると謙信宛の書状で述べている（一一月二〇日書状、『研究』上三五〇）。

ところで前述のように、この段階では足利義昭と織田信長の間は決裂してはいなかった。『永禄以来年代記』が記すように、天正元年正月頃に対立が表面化したと考えられる。二月に義昭は、信長討伐の意図を明らかにして朝倉、浅井に御内書を発し、光浄院暹慶（山岡景友）らを西近江で蜂起させ、暹慶らは、本願寺一族慈敬寺を中心に、本願寺門徒を糾合して近江国石山、今堅田で蜂起した。

これに対して織田信長は、柴田勝家、明智光秀を派遣して西近江の一揆を鎮圧させる一方、足利義昭に対しては、あくまでも和睦を願い、弁明のために塙直政を派遣した。「公方様のなされようは言語道断であるが、君臣の間のことなので何度も嘆願したところお聞届け下さったので、実子を（人質として）進上して」（三月七日信長黒印状、『研究』上三六四）和睦交渉を始めた、と細川藤孝に報じている。

しかし足利義昭は、七日に断交を告げて人質を返却した。信長は軍勢を率いて上洛し、義昭に和睦を迫り、四月二日・三日に京都上京《かみぎょう》を放火した。「君臣の間でもあり、以前からの忠節が無駄にならないよう、色々弁明したが承知されないので、この上は成り行きに任せるしかないと思い、洛外を放火した」（四月六日信長黒印状、同三六七）と徳川家康に述べている。義昭は放火に屈し和睦した。そうしなければ、義昭は京都住民から見放されてしまったことだろう。

†関係はあくまで「君臣」

将軍義昭は京都住民の領主であり、事実京都住民に対する軍事指揮権を掌握していた。上洛する信長の軍勢に対する防備のため、町人を派遣して京の口々を守らせたという(『老人雑話』)し、これについて「全住民は皆武器を取って市の門や入口へ赴いた」とのイエズス会宣教師ルイス・フロイスの証言もある(一五七三年五月二七日書翰、CEV I f.343v.『十六・七世紀イエズス会日本報告集』Ⅲ四、二〇六頁、一部改変)。

一方その指揮権の裏面として、京都住民の安全を保持することは足利義昭の責任だった。義昭が、戦さの噂に逃げ支度をしたために、京都住民が大騒ぎしたことを、織田信長が十七箇条の諫言で詰ったのはこういうわけである。だから赦免を乞いながら、京都への放火で圧力をかける信長に対しては、とりあえず和睦を請けいれるしかなかったのであろう。

しかしもはや両者の関係修復はできなかった。頼りの武田信玄はこの頃病死したものの、今度は毛利氏を頼り、義昭は京都郊外の槙島城で蜂起する。これを包囲した信長は義昭を降参に追込み、「命を助けて後世の人々の褒貶に委ねようと、(義昭の)若君を人質にとり、怨みを恩で返すつもりで」三好義継の河内国若江城に送り届けた(『信長公記』巻六)。現代ではここで室町幕府が滅びたとされている。確かに義昭は信長のために追放された。その一方で、信長が「君臣」の関係を強調していることも見逃せない。

実質的には実力で足利義昭を圧倒しているのに、主君を立てると主張しても、単なる欺瞞ではないか、と現代人には思えるところである。しかし中世には家来が実力行使により、自分の主張を主君に認めさせることが公然と行われていた。将軍に譲歩を迫るために、幕臣たちが軍勢を率いて将軍御所を包囲する「御所巻《ごしよまき》」が室町時代には存在した。織田信長が実力で足利義昭を圧倒したとしても、主君を重んじなかったとは必ずしもいえない。むしろ信長は、将軍をあくまで主君として立てる、という形で事を収めたかった、将軍足利義輝を暗殺した三好三人衆とは一線を画したかったのではないかと思われるのである。

†必要だった将軍の力

ただしこれで織田信長に、将軍の力が必要なくなったわけではない。この後、朝倉義景、浅井久政、長政父子は信長によって滅ぼされたので、武田信玄始め味方を失った足利義昭は、西国の毛利氏の力を頼ろうとした。一方毛利氏は、義昭・信長の入京以来義昭・信長と親しい間柄にあり、義昭の依頼に応じて関係を損ないたくはなかったから、信長に義昭の帰京を打診したところ、豊臣秀吉(この時代は羽柴秀吉であるが豊臣で統一)を通じて、義昭を引き受ける用意があるとの回答があった(『毛利家文書』〈天正元年〉九月七日羽柴秀吉書状）ため、織田・毛利・義昭自身の三者で交渉が行われることとなった。

織田側からは豊臣秀吉・朝山日乗、毛利側からは安国寺恵瓊《あんこくじえけい》が出て、足利義昭との交渉が行われたが、義昭があくまで人質を出すよう求めたため、秀吉は「それほどまで信用されないのであれば、信長へは行方不明になったと報告するから、何処へなりとも落ちられるがよい」と言い放って大坂へ帰り、一日残って義昭を説得した恵瓊も、毛利領へは来ないとの言質を取って上京し、交渉は決裂した（『吉川家文書』〈天正元年〉一二月一二日恵瓊書状）。京都で信長に会った恵瓊は、来年は義昭の若君に挨拶されるよう、ただし過分の挨拶は不要であるとの信長の意向を聞いている（同上）。

やはり織田信長は将軍の力を必要としていたのだろう、足利義昭に復帰の希望があれば、受け入れてもよいとの意向を表明し、さらに義昭復帰がなくなった時点でも、その子供を代役に立てることを考えていたことが分る。言い換えれば可能性のある限り、信長は将軍の臣下として振舞う、という立場を追求していたと考えられる。そもそも永禄一一年の上洛は将軍に「供奉」したものであり、義昭の危急には、単騎でも馳せ参じる忠義を表明し、義昭に「自分は天下を任されている」と主張したのも、義昭と朝廷のために、諸国大名を糾合するためであった。信長の行動は一貫して、将軍義昭の権威を前提としていたと考えられよう。

その足利義昭と決定的に対立した時、信長はどのような手段を取ろうとしたのか、安国寺恵瓊が先にみた書状で示した観測は興味深い。「信長の時代は、五年三年ほどは続くだろう。来年ぐらいには公家になるかにみえる。その後地位の上昇を極めたあげく、破滅するように思われる。ところで藤吉郎［豊臣秀吉］はなかなかの者である〈信長の代五年三年は持たるべく候、明年辺りは公家などにならるべく候かと見及び申し候、さ候て後、高転びに仰向けに転ばれ候ずると見え申し候。藤吉郎はさりとてはの者にて候〉」（同上）。

この言葉は、未来を見事に予言した、恵瓊の慧眼を示すものとして有名であるが、恵瓊は何も将来を予言するつもりでこう記したのではなかろう。恵瓊の現実的意図は、毛利家と目下友好関係にある織田家の将来が、どのように観測されるかを報告することにあったはずである。すなわち信長は公家になって、現在の地位を維持するだろうが、その未来は危うく見えること、ただし豊臣秀吉は、信長と共に破滅するような人物にはみえないこと等を、毛利家に伝えたものと考えられよう。言い換えれば、将軍を失った信長が、現在の地位を保つためには、公家になるという選択肢が、当時の人々には、最も現実的なものに見えたと思われるのである。そこで次に信長と朝廷との関係を考えてみたい。

第二章
信長と天皇・公家

正親町天皇画像（東京大学史料編纂所蔵）

前章でみた通り、織田信長は、あくまでも足利義昭の、臣下としての立場を堅持しつつ行動していた。言い換えれば義昭は、対立しようが、諫めようが、あるいは京都から追放しようが、信長には主君であると、信長自身も考えていたのである。義昭を、単なる信長の傀儡に過ぎない存在であったとみることはできない。

それでは「公家」になる場合には、やはり自らその臣下となるはずの天皇に対して、織田信長はどのように対したのであろうか。信長が、伝統的権威である天皇を重んじる、という構図は、「革命児」とみなされてきた信長にはそぐわない、と見なされがちであったと思われる。しかし信長が、将軍義昭を主君とみていたと考えられる以上、天皇に対する態度もまた、再検討する必要があると思われる。

1　天皇の権威

†譲位の儀を提案

天正元年（一五七三）一二月、足利義昭の帰京に関する交渉が破綻した年の暮、織田信長は朝廷に正親町《おおぎまち》天皇の譲位の儀式をとり行うことを申し入れていた。これについては、信長が正親町天皇に譲位を迫り、朝廷に圧力をかけたとする解釈が有力であった。

もちろん正親町天皇自身が譲位を望んでおり、事実この申し入れに対して喜びを表明している点に注目する見解（橋本政宣「織田信長と朝廷」）もかなり以前から提起されていた。しかし、新たな時代の革命児である信長と、伝統的な天皇の権威とは相容れないものとして、織田権力と朝廷とを対立的にみる見方が支配的であったのである。近年織田信長と朝廷とを、ア・プリオリに対立関係にあるとする見方への反省から、公武融和の視点で織田信長と朝廷とを見直そうとする見方が注目されつつある。

ここではなぜ天正元年という時点で、織田信長が正親町天皇の譲位を持ち出したのかに注目しつつ、この問題を考えて行きたい。まず室町時代にあって、天皇の譲位の儀式は「室町殿」すなわち室町将軍家によってとり行われていたことを確認したい。

例えば一〇〇年以上以前の寛正五年（一四六四）、時の後花園天皇は、譲位して上皇になる希望を表明し、足利義政に仙洞領（上皇領）を設定してくれるよう依頼している（『京都御所東山御文庫所蔵文書』寛正五年七月五日女房奉書案）。後花園天皇が上皇になるに際して、仙洞領を差配するのは足利義政以外になかったからである（末柄豊「禁裏文書にみる室町幕府と朝廷」)。

後土御門天皇も文明一〇年(一四七八)に、「室町殿」(将軍家家長)として幕府を仕切っていた義政に、譲位の儀式を行うよう督促したが、義政側は、はかばかしい返事をしなかった。朝廷では、譲位の儀は昔から将軍家がやるべきである、との原則を確認している(『兼顕卿記』文明一〇年八月四日条、末柄前掲論文)。

従って今述べた後土御門天皇、それに後柏原天皇、後奈良天皇と、いずれも生存中に譲位の儀をせず死去したことは、とりも直さず将軍家がそれを行わなかった、ないし行い得なかったことを意味する。応仁・文明の乱による幕府の衰微が影響していることは想像に難くない。弘治三年(一五五七)に、後奈良天皇の崩御後に践祚した正親町天皇も、自らの譲位が叶うとは思っていなかったかも知れない。

†正親町天皇の喜び

しかし、将軍足利義昭は、強大な軍事力と豊かな財力をもつ織田信長を「供奉」させて上洛した。「天下を平和になされた」と信長がいうような状況を創りだしたことは、前章で述べた通りである。あるいは戦国の三天皇と異なり、昔のように上皇となれるかもしれない、との期待が生じても、決しておかしくはないだろう。しかしその後の足利義昭が織田信長と対立し、京都から没落したことで幕府体制は崩壊する。正親町天皇の譲位への期待は凋みつつあったのが天正元年末の状況である。

その時に京都を維持する信長が、譲位の儀を行うと申し出れば、正親町天皇が「後土御門天皇以来、望んではいたが実現しなかったのに、奇特なことであり、朝廷再興の時が来た」と頼もしく思い喜んだこと（『京都御所東山御文庫所蔵文書』正親町天皇宸筆消息案）はごく自然に理解できるのではないか。そしてちょうど信長も「公家になる」必要を感じていた時期であったとすれば、まさに絶妙のタイミングの申し出であったといえよう。

従来の研究では天皇の譲位が朝廷への圧力か、それとも天皇が望んだものか、という二者択一に論点が集中し、室町時代の天皇がどのように譲位を行ってきたか、という点への注目は比較的乏しかったように思われる。足利義昭や織田信長の時代以前の、天皇家に対する幕府や将軍の役割を考える時、譲位は何よりも武家の業務とみられるのではないか。その点からみると、譲位を天皇への圧力とみることは不適当だと思われる。

この時の織田信長の申し出は、結局実現しなかったし、信長が公家になるのも、この二年後である。しかし天皇始め朝廷関係者が、信長を室町将軍に代わる絶好のパトロンと見なすようになった事情は理解できるように思われる。要するに信長は、足利義昭が将軍の役割を放棄した後、その代役を買って出たのだと考えられる。

†蘭奢待切り取り

翌天正二年(一五七四)は、織田信長が本願寺、一向一揆など足利義昭方との戦いを余儀なくされた年である。前年に朝倉義景を滅ぼした後、信長は前波《まえは》(後に桂田)長俊《ながとし》を越前守護代に任命したが、翌年桂田長俊は、国人富田長繁とこれに与した一揆によって滅ぼされ、一揆はさらに信長が北庄に配した木下祐久《すけひさ》、明智光秀の代官三沢秀次、津田元嘉を追放し、越前を制圧した。本願寺からは家臣下間頼照《しもつまらいしょう》が、越前に早い段階から派遣されており、一揆の越前制圧は本願寺の主導によったものと考えられる。本願寺は朝倉氏と同盟し、姻戚関係を結んでいたから、滅ぼされた朝倉氏の報復に出ることは十分考えられる。

さらに武田勝頼が美濃国に侵入し、二月に明智城を攻略、五月には遠江国高天神《たかてんじん》城に攻めかかった。四月には本願寺自身が大坂で蜂起し、摂津国中島、賀島の城を攻略、三好康長、遊佐《ゆさ》長教《ながのり》らが高屋城を拠点にこれに呼応する(『年代記抄節』)。その背後にいたのは足利義昭であった。信長は大坂に軍勢を派遣する一方、自身は徳川家康の要請をうけ、高天神城を救援するために遠江国今切まで出陣するものの、勝頼は六月に高天神城を攻略する。

その後織田信長は伊勢国長島の一向一揆の討伐に向った。一揆の籠城する長島地域の諸城を包囲し、兵粮攻めにしながら降参は許さないという徹底殲滅作戦（信長自身「根切り」と呼ぶ）を行い、九月に至りようやく降参を認めたが、退去する一揆勢を不意打ちにしたため、一揆、織田軍双方に大量の戦死者が出た。さらに信長は中江・屋長島の城に籠る一揆を非戦闘員もろとも焚殺したという（『信長公記』巻七）。

この年三月に起った出来事として奈良を訪問した信長が、東大寺に秘蔵される蘭奢待《らんじゃたい》という名香木を切り取ったことが知られている。蘭奢待は聖武天皇の勅命により封印され、天皇の命令なしに開くことはできないとされていた。織田信長以前に拝領を許されたのは、伝説上では『平家物語』に登場する源頼政、記録の残る人物では足利義政唯一人であった。信長の拝領を聞いた正親町天皇が不快を示したことが知られ、この行為が天皇の権威を冒すか無視するものともみえる点から、前年に信長が提案した譲位が実現しなかったことに対し、さらに天皇に圧力をかけるために行ったとみる学説も提起された。しかし近年では、信長と天皇とを対立的とみる視点に、疑問が提起されていることは前述の通りである。特に天皇譲位の提案は、上記の通り天皇への奉仕の申し出としか考えられない以上、信長に圧力をかける理由はない。

近年注目すべき見解を発表された金子拓氏の研究（「織田信長の東大寺正倉院開封と朝廷」）により、この事件を考えたい。伝統的権威を無視する織田信長、という印象をもたれがちなこの拝領を希望した、信長の動機がまずは問題である。それは、三月二三日、まだ奈良に信長本人が到着する以前に、その使者によって伝えられた言葉から知られる。使者は、信長が東大寺の霊宝蘭奢待を拝見したいので、東大寺衆徒全員のご同意が得られればありがたい。賛意が得られた場合には「東大寺の寺領などは以前からの通りきちんと保障するよう尽力したい〈御寺領以下、随分先規の如く申し付くべく候由、よくよく申し入るべき〉」（『天正二年截香記』）と述べた。すなわち東大寺の寺領を保障するという優遇政策との交換条件に持ち出したのが蘭奢待の拝領だった。

その際注目すべきは拝領を希望する織田信長の態度である。信長は東大寺に対し、自ら正倉院へ出向けば、専横の振舞との噂が立ち、それもどうかと思われるので〈御倉へ信長自身参らば、恣の仕りかの旨口遊み如何候間〉、多聞山城へ（東大寺の寺僧衆の手で）ご持参いただき、寺僧衆の前で拝見したい」（同上）と申し入れたのである。権力に任せて拝領を強要したという形にしたくない、というのが信長の強い要望であった。

さらに多聞山城に持ち込まれた香木を前にして、「自分で切り取ったなら、いかにも私の欲望から拝領したようになるので〈預けにて香を給はれば、私がましき故〉」、寺僧衆から賜りたいと申し出、寺僧衆に一寸四方の切片を二つ切り取ってもらい、「一つは正親町天皇の分でもう一つが私の分〈一つは禁裏様、一つは我等拝領〉」だと述べた（同上）。この遠慮がちともみえる態度からは、天皇の権威を冒したり、無視したとみることはできない。

†二条晴良への非難

それではなぜ、正親町天皇は怒りをあらわにしたのだろうか。正親町天皇の意向を伝える内侍宣案（側近の女官の文書）によれば「蘭奢待は東大寺の三蔵に秘蔵されるものであり、これは、藤原氏の氏長者の命令を伝える長者宣を出して、拝領を許可するものではない。（それを長者宣で許可するとは）事情を知らないにもほどがある」と氏長者であった関白二条晴良の行為を詰っている点が重要である。

なぜなら「勅封の蔵は、勅使が立たなければ開けない蔵である。興福寺の計らいで私の氏寺のように計らったなら、（勅封を命じられた）聖武天皇の御憤りは如何ばかりであろうか、天道の報いも恐ろしい〈これは勅封にて候まゝ、勅使を立てられ候はねば、開かぬ三蔵にて候を、興福寺の計らひに、私の御氏寺に、この度なされ候べき事、聖武天皇の御憤り、天道恐ろしき事にて候〉」と断じているからである(『東山御文庫所蔵史料』)。

天皇の怒りは、蘭奢待を賜った織田信長の行動に向けられたものではなく、東大寺三蔵の勅封を開く手続きをふまなかった関白二条晴良ら公家側に向けられていた、という金子氏の見解は説得的である。ところで金子氏は最新著『織田信長〈天下人〉の実像』(あとがき参照)でその見解をさらに深め、正親町天皇の怒りを示すとされる史料を再検討して、正親町天皇の怒り自体なかったとの見解を示しておられる。詳細は金子氏新著をみていただきたいが、そうなると蘭奢待の切り取りを天皇との関係で問題にする必要がそもそもなくなる。少なくとも、信長の行為は権力に任せた専断とも、伝統的権威の無視ともいえない。むしろ逆に伝統的権威を、努めて立てようとしていたと考えられよう。

†公家への道

翌天正三年には有名な長篠の合戦が行われた。これは元亀三年(一五七二)の武田信玄の遠江・三河侵攻以来、織田・徳川両氏と武田氏との間で続いていた、美濃・信濃・三河の境目地域における抗争の一環である。三河国設楽郡地域には、山家三方衆とよばれる国衆が割拠していた。田峯城を本拠とする田峯菅沼氏、作手《つくで》亀山城を本拠とする奥平氏、そして長篠城を本拠とする長篠菅沼氏である。

この三者は地域的な連繋を保ちつつ、この地域に勢力を張っていたが、信玄の侵攻以来、武田・徳川両氏の狭間で分裂することになる。こうした状況の中で、天正元年九月に徳川家康は長篠城を奪取し、松平景忠を配置し、さらに天正三年二月には、長篠城奪取の際徳川方に味方し、作手亀山城を捨てて馳せ参じた奥平信昌を城将として配置した（平山優『長篠合戦と武田勝頼』）。

一方武田勝頼は、前述のように天正二年に反攻を開始し、美濃明智城、遠江高天神城を奪取する。さらに山家三方衆の割拠する地域にも手を伸ばし、長篠城の奪還を試みた。こうした勝頼の攻勢に、徳川家康は織田信長に援軍を依頼した。そして奥三河地域に侵攻した武田軍を、織田・徳川連合軍が迎撃、撃破したのである。

この合戦は新式の武器鉄砲を、さらに天才的な工夫を加えて用いた信長が、旧態依然たる武田の騎馬軍団を撃破した戦いとして知られてきた。しかし近年ではこうした合戦像について、藤本正行氏の研究をきっかけに再検討が行われ、合戦の実態の研究が進み、合戦像は一新されつつある。少なくとも信長の作戦に、当時として新式なところは何もなく、武田軍の軍略も、旧態依然たるものではなかったことは、明らかになりつつあるように思われる（平山前掲書）。

さらに前年以来の本願寺、一向一揆との戦いは続き、八月に織田信長は軍勢を率いて越前に出陣し、越前の一向一揆勢を殲滅した。本願寺は、この状況に至り信長に和睦を乞い、信長も本願寺を「赦免」した（十月五日信長朱印状、『研究』下五五九）。

ちょうどこの頃、信長は参内して大納言、右大将に任官された（『公卿補任』）。無官の信長をいきなり大納言にするわけにはいかず、朝廷では前年に遡ってまず参議に任じたことにして、この年に任官させたものとされている。ともかくもこの年に首尾よく「公家」になったものと思われ、奥野高広氏によるとこの前後より、家臣たちは「殿様」という信長への呼称を改め、「上様」と呼ぶようになった（奥野高広「上様と殿様」）。

†信長に裁定をもとめる

この頃から、本来天皇の下で朝廷において裁定されていた寺院世界における相論（争い事）が、織田信長の下に持ち込まれるようになる。その一つが、天正三年に信長の下にもたらされた「絹衣相論《けんえそうろん》」と呼ばれるものである。これは常陸国における天台宗衆徒と、真言宗衆徒との絹衣着用の特権をめぐる相論である。

この素絹の僧衣について、朝廷は天台宗には着用を認めていたが、真言宗は院家のみにしか認めていなかった。一六世紀に、常陸地方に勢力を伸ばしていった真言宗が、天台宗にならって着用し始めたため、常陸国の天台宗徒らはこれを、比叡山延暦寺を通じて朝廷に訴えていた。しかし相論は長引き、天正二年に綸旨が発せられたにもかかわらず落着せず、折から朝廷の裁定に疑問を抱いた信長により、裁定のための新たな体制が設置された（堀新「織田信長と絹衣相論―関連史料の整理と検討―」）。

また藤原氏の氏寺として知られる興福寺の別当（興福寺を統括する僧侶）の後継者をめぐる争いが、翌天正四年に織田信長の手によって裁定された。この二つに特徴的なことは信長の介入以前に裁定に関わっていた公家が、何らかの形で処分を受けていることである。絹衣相論の際には天正二年の綸旨発給に関わった柳原資定《やなぎわらすけさだ》が、恐らくは信長の意向をうけて勅勘《ちょっかん》を受けている。また興福寺別当の地位に関する争いでは、相論の一方の側を支持した公家四名が所領を没収されている。こうした点から信長が朝廷の政治領域に介入し、自分の統御の下におこうとしたとの見解も出されている。

しかしこうした見解は、既にみたように、天皇・朝廷と織田信長との関係を対立的にみる見方が多分に影響しているように思われる。ここでは特に、興福寺別当の地位をめぐる争いについて、金子拓氏の最近の研究（「天正四年興福寺別当職相論と織田信長」）によりつつ、その実態について考えてみたい。

†興福寺別当の任命

天正四年、前任の興福寺別当松林院光実が替えられることになり、その後任をめぐって興福寺大乗院の前門跡尋円と、当時権別当であった興福寺東北院兼深《けんしん》との間で相論が起った。この相論は朝廷や織田信長を巻き込んだ結果、最終的には尋円が補任され、兼深を推したとみられる、勧修寺晴右《かじゅうじはれみぎ》・中山孝親・庭田重保《しげやす》・甘露寺《かんろじ》経元《つねもと》の四人の公家が、信長によって処罰されるに至った、というのが事件のあらましである。

東北院兼深は、次期興福寺の別当を望み、蔵人頭左中弁《さちゅうべん》日野輝資《てるすけ》を介して南曹弁《なんそうのべん》（藤原氏の氏寺・氏社を管轄し、氏長者の命令を伝える役職）であった中御門宣教に、この年の五月二二日にその意向を申し入れている（『宣教卿記』五月二二日条）。一方興福寺僧侶らは、前大乗院門跡尋円の就任を正当なものとし、兼深はその地位には不適切であると主張していた。その論拠は、興福寺別当に任命されるには維摩会の探題を務めた経験が資格として必要だとしていたからである（『五師職方日記』）。

維摩会は興福寺で行われる仏事の中で重要なものであり、探題とは、そこで行われる論義の題目を出題する役目である。兼深は維摩会の講師を務めたことはあっても、探題は未経験であり、従って別当候補とはなりえない、というのが興福寺側の主張であった。

一方兼深は「叡慮」すなわち天皇の意向を持ち出して、就任すべきことを主張したらしく（『多聞院日記』五月二八日条）、尋円側に立つ東林院孝誉、松井安芸の二人が（同上）、また尋円の弟子で大乗院門跡の尋憲が共に上京し、尋憲は大坂本願寺攻めから帰京していた織田信長に訴えた（同上六月五日条）。

当事者たちからの訴えをうけたのであろう、織田信長は六月八日に自分自身の判断を関白の二条晴良に伝えている。それによると信長は、興福寺別当の問題に関しては「最近行われてきた寺法に従って〈近代あり来る如き寺法に任せて〉（藤原氏の氏長者である関白）二条晴良殿が決定すべきです。もし天皇のご意向と偽って、誤った主張がなされるような場合は、貴方が裁定されることが大事です〈自然叡慮を申し掠め、ならびに参差の儀候はゞ御意見簡要候〉」（六月八日書状、『研究』下一〇九二）との意向であったことが知られる。すなわち尋憲の訴え通り、尋円の就任を妥当と判断したのである。

ところが、京都から安土に帰った織田信長を勧修寺晴右・中山孝親・庭田重保・甘露寺経元四人の「勅使」が訪問した（『宣教卿記』六月二四日条）。あとの成り行きからみると、恐らく兼深側を推す申し入れだったと考えられる。興福寺側の訴える実情とは全く異なった申し入れをうけた信長は、奈良に使者を派遣して興福寺に、「興福寺別当に関して天皇と関白とが別々の仰せをされるので〈御寺家の儀、内裏様ならびに関白様より左右に仰せらるゝ事これある間〉実際のところを伺いたい」と問い合わせた（『五師職方日記』）。これに対して、興福寺側は三ヶ条の答申を行い、探題未経験者の別当就任はないとの原則を再度主張した（同上）。

かくして安土から丹羽長秀、滝川一益の二人が上京して織田信長の最終判断を伝え、興福寺別当は尋円となるべきこと、四人の勅使の申し入れは、考慮の余地のないことが示された（『言継卿記』六月二四日条）。一方、兼深を推す旨「勅使」を務めた四人の公家衆は、信長から処罰として所領を没収され（『宣教卿記』同日条）。関白二条晴良には朱印状が進上されたという（『多聞院日記』同日条）、蟄居を命じられるが、一一月二一日に蟄居が解かれ、出仕を許されている（『公卿補任』）。

†朝廷の評判＝信長の面目

以上の相論の経緯をみて、まず明白なことは、織田信長が自ら相論に介入した形跡は全くないことである。信長は、積極的に朝廷のことに関わろうとして判断を示したのではなく、却って当事者からの訴えによって巻き込まれた。しかもその内容を判断するに際して、何よりも興福寺の慣行・「寺法」を尊重している。一旦示した判断を覆すような天皇の意向が、四人の公家から申し入れられた時も、わざわざ奈良に使者を派遣し、興福寺の先例を問い合わせている。言い換えれば信長は何か新たな方針を示そうとしてはおらず、あくまでも興福寺で行われてきた先例を第一に尊重する、という方針で一貫していたのである。

確かに織田信長は、この件に関して、自分の判断とは異なる方針に立った四人の公家を処罰している。しかしその理由は、信長に逆らったことというよりも、「天皇の御意向と偽って〈叡慮を申し掠め〉」自分たちの方針を不正に実行しようとしたことであろう。信長が警戒したことは、何よりも信長の次の書状に明確に記されている。「朝廷の政治が停滞するようなことになれば、下々まで乱れが生じるのは当然であり、そのため政治が着実になされるように四人の衆を、誓約書により定めたというのに、このような事態が明らかになり、ふとどきな有様はいいようもありません。これでは天皇の御評判は地に堕ちてしまいますし、そうなればこの信長も同じように面目丸潰れです〈然る時は、禁裏御外聞を失はれるの儀に候、さ候へば信長も同前に面目を失ひ候〉」(六月二九日書状、『研究』補一八〇)。

天皇の威を借りた不正行為が横行すれば、天皇の評判は地に堕ちるのであり、そうなれば(天皇を立てる)織田信長の面目も失われるのである。だからこそ信長は、前年に行われた絹衣相論に関わった際に知った朝廷政治の腐敗を正そうとして、訴訟担当者として、特に五名の公卿を指名したのであった。処罰されたのはそのメンバーたちの四名である。不正を正すべき彼らが行った不正行為であるからこそ、特に重くみたと考えられる。

織田信長にとってあるべき朝廷の姿は、天皇の権威が正当に保たれ、下々の者にまで敬意を払われるべきものでなくてはならなかった。そしてそのためには、従来からの慣行を遵守するような裁定が、天皇の名においてなされるべきであり、天皇の名において従来からの慣行が蹂躙されるなど、とんでもないことだったのである。もちろん朝廷が信長の意のままになることも論外だったと推測される。

2　信長と公家世界

†反織田包囲網

右に述べた天正四年は、有名な近江国安土城の建設が始まった年でもある。建設は正月から始められ、二月に織田信長は移住し、馬廻り（側近を守る親衛隊）に城下の屋敷地が与えられ、建設が始められた。また、この年の二月には、足利義昭が備後国鞆へ至り、毛利氏に幕府再興の援助を求めた。今度は、毛利氏は義昭を受け入れて、織田氏との戦いを開始したのであるが、その事情は第四章で詳しくみたい。

義昭は毛利氏のみならず、当国の武田・上杉・北条の三大名にお互いの和睦と幕府再興を呼びかけ、三者の間には信長に対抗して、相互に手を組もうとする機運が生まれた。さらに四月には、前年信長から「赦免」されたばかりの本願寺が蜂起する。

織田信長は、本願寺へ向けて明智光秀・細川藤孝・原田直政・荒木村重らを軍勢と共に派遣し、荒木は大坂北野田の砦に、明智、細川は森口・森河内の砦に、原田直政は天王寺の砦を構えた（『信長公記』巻九）。五月に原田直政が木津に向けて出撃したところ、却って撃破されて原田は敗死、勢いに乗った大坂方は敗勢の織田方を天王寺まで追撃し、明智らの砦は大坂方に包囲された。信長は急遽、彼らを救援するために五月五日出陣し、自身先鋒の足軽の中に交じって足に鉄砲傷を負う、という奮戦の結果、大坂方を押し返した（同上）。先ほどみた、興福寺別当をめぐる相論において、信長が京都で大乗院尋憲からの訴えをうけたのは、この戦いから京都に帰還した時である。

こうした経緯の中で、長年にわたって敵対していた加賀、越後両国、つまり本願寺・加賀一向一揆と上杉謙信とが、足利義昭の勧告もあって和睦した。義昭は、加賀一向一揆を指揮していた本願寺家臣七里《しちり》三河頼周《みかわらいしゅう》に、織田・毛利の開戦を伝え、越後と和睦して義昭に忠勤を励むよう命じていたのである（『萬行寺文書』六月一二日御内書）。義昭のはりめぐらそうとした対織田包囲網が、徐々に形成され始めていた。七月に毛利軍は大坂付近の木津河口に来襲し、織田方の水軍を撃破し、大坂に兵粮を搬入した。毛利領内は本願寺門徒が多く、家中には、本願寺顕如《けんにょ》から阿弥陀仏の画像を拝領したとの伝承をもつ武士もいる（『萩藩閥閲録』巻八五）。本願寺と毛利氏とが組むことは想像にたやすい。

翌天正五年二月には、紀伊国畠山貞政が、雑賀衆および根来の衆徒と謀って挙兵した。

雑賀衆は、紀伊国雑賀荘など雑賀五組と呼ばれた地域の、地侍の一揆として知られており、根来寺の衆徒は、強力な軍事力をもつ傭兵集団として知られる。彼らが織田勢に対して蜂起したのである。信長は雑賀衆の分断を試みて、雑賀三緘《みからみ》の衆と根来寺の杉の坊を味方につけて出陣し、雑賀衆を降伏させて安土城に帰った。

閏七月には上杉謙信が能登七尾に出陣する。信長は七尾城の長続連《ちょうつぐつら》を救援するために、柴田勝家を総大将として滝川一益、豊臣秀吉、丹羽長秀らを出陣させたが、九月には遊佐続光の寝返りもあり、七尾城は陥落した。余勢をかった上杉軍は、手取川で織田軍を撃破し、大敗させた。謙信が織田軍を「案外に手弱の様躰」と評したのも、豊臣秀吉が勝手に戦線を離脱して帰国し、信長の逆鱗に触れたのもこの時のことである。

†官位を辞する

足利義昭の呼びかけによって形成されつつあった反織田包囲網が綻び始めたのは、天正六年に入ってからである。三月上杉謙信が死去した。これにより越後は、その後継者争いが起り、ついには武田勝頼と北条氏政との絶縁に至るのであるが、それは第四章で詳述する。この年四月、織田信長は突然官位を辞してしまう。信長が官位を辞した折、朝廷に奏上した奏達状（天皇に宛てた言上状）が伝わっており、それには次のように書かれている。

現在頂戴している官職をさらに順々に昇進させていただき、朝廷の御恩に浴すべきであるとは存じますものの、（朝敵の）征伐を未だ成し遂げてはいないので、まず現在の官職を辞職し、「東夷・北狄」を滅ぼし「南蛮・西戎」を服属させて、日本全国から戦争がなくなり、全土が（朝廷に）従った時に、任官せよとの天皇の御命令を再び御受け致し、政治を担当し、忠義を尽したく存じます。ですから（頂戴している）高い官職は、嫡男の信忠に譲りたいとの所存をなにとぞ（天皇陛下に）お伝え下さい。（『兼見卿記』天正六年四月九日条）

この突然の辞官については、織田信長が天皇の権威からの自立をはかったもの、という見方を始め、これまで様々な見解が出されてきた。しかし、たったこれだけの短い奏達状から、織田信長の真意を忖度することは非常に困難である。天皇の権威から自由になるためという見解についていえば、この奏達状を読む限り、信長が官位という権威を放棄したとはいえないと思われる。なぜなら、信長が官位を辞する代わりに、最愛の嫡子織田信忠が天皇の権威に取り込まれることになるからである。一体大事な跡継ぎを、わざわざ天皇に臣従させながら、天皇の権威から自立する試みができるものであろうか。

†官位を嫡子へ

どうもこれまでの織田信長に関する見解は、信長のような「革命児」は、官職のような伝統的権威など相対化してみるに違いない、という先入観に左右されることが多かったように思われる。しかしながら、足利義昭から得ていた権威の後ろ盾を補うには「公家」になるという選択肢が、最もありうべきもの、とみる安国寺恵瓊の観測に注目したい。そしてさらに信長が、その観測をなぞるように次第の昇進をしてきたことを見れば、信長に天皇の権威が不要だったとはとても思えない。そもそも信長が、天皇の権威を超えることを構想していた、とみること自体、さして根拠のあるものとは思えない。

確かに近年の研究では、先ほどみたように、織田信長が朝廷で行われる裁定に不満をもち、絹衣相論において綸旨発給に疑問をもち、朝廷の政務を審議する五人の奉行を、廷臣の公家から選任したこと、さらに翌年の、興福寺別当の地位をめぐる相論では、それら奉行の内四人を処罰までしたことも明らかにされている。その意味では、信長は朝廷の政務にも、積極的に関わったことになる。しかしそれは先ほども述べたように、あくまでも天皇の権威を盤石のものとするためであった。天皇の評判と信長の面目とは、先ほど述べた通り一体のものだったのである。

とすると、突然の辞職をどのように考えればよいか。この奏達状を素直に読めば、堀新氏の指摘される通り、自分の右大臣・右大将という高い官職を、嫡子信忠に譲与することを望んだ、とみるのが最も自然であると思われる（「織田権力論の再検討――京都馬揃・三職推任命を中心に」）。織田信長だって当時の戦国大名と同じく、自分個人より織田家が大事のはずだと考えるのは、無理のない推測ではないだろうか。

「人間五十年……」という、幸若舞「敦盛」の歌を好んだと伝えられる戦国の武将として、何時戦場に散るか知れたものではない、との思いは強かったに違いない。四五歳になって、家長の地位を嫡子に譲ることを考えるのは自然だと思われる。まして嫡子もまた「公家」になって、自分の政治的地位を受け継げれば、と考えることは、決してありえないことではないように思われる。

†畿内制圧と勅命講和

天正五年末から、豊臣秀吉の播磨進出が本格化する。北陸戦線から許可もなく離脱して、織田信長から譴責された秀吉は、名誉挽回を期するかのように活躍する。一〇月に播磨に赴くと黒田（小寺）孝高《よしたか》の姫路城に入り、龍野城の赤松広秀、三木城の別所長治ら国人たちから人質をとって服属させ、一一月上旬には播磨一国をほぼ帰服させた。さらに余勢をかって但馬へ侵攻し、備前・美作国境に近い赤松政範の上月城、福原助就《すけなり》の福原城を攻略し、上月城城兵の降参を許さずに「敵方への見せしめのために〈以来敵方見懲りと存知〉」籠城者を皆殺しにして、備前・美作・播磨の国境付近に「子供は串刺しにし、女性は磔にして」曝した（一二月五日秀吉書状、『姫』八・一五二一）。

こうした凄惨な皆殺し作戦は、織田信長の伊勢長島一向一揆や、越前一向一揆に対するものが有名であるが、一揆に対するもののみならず、後述するように、戦国大名同士の戦闘においても、ある局面では行われる軍事作戦と考えられる。福原城も攻略し、二五〇余りに上る頸をとって制圧し（『信長公記』巻一〇）、上月城には、尼子勝久と山中幸盛を入れて守備させた（前掲一二月五日豊臣秀吉書状）。

天正六年になると、一度帰服した播磨国三木城の別所長治が織田方に叛旗を翻す。これをきっかけに、四月に吉川元春・小早川隆景が播磨に出陣し、一旦豊臣秀吉の奪取した上

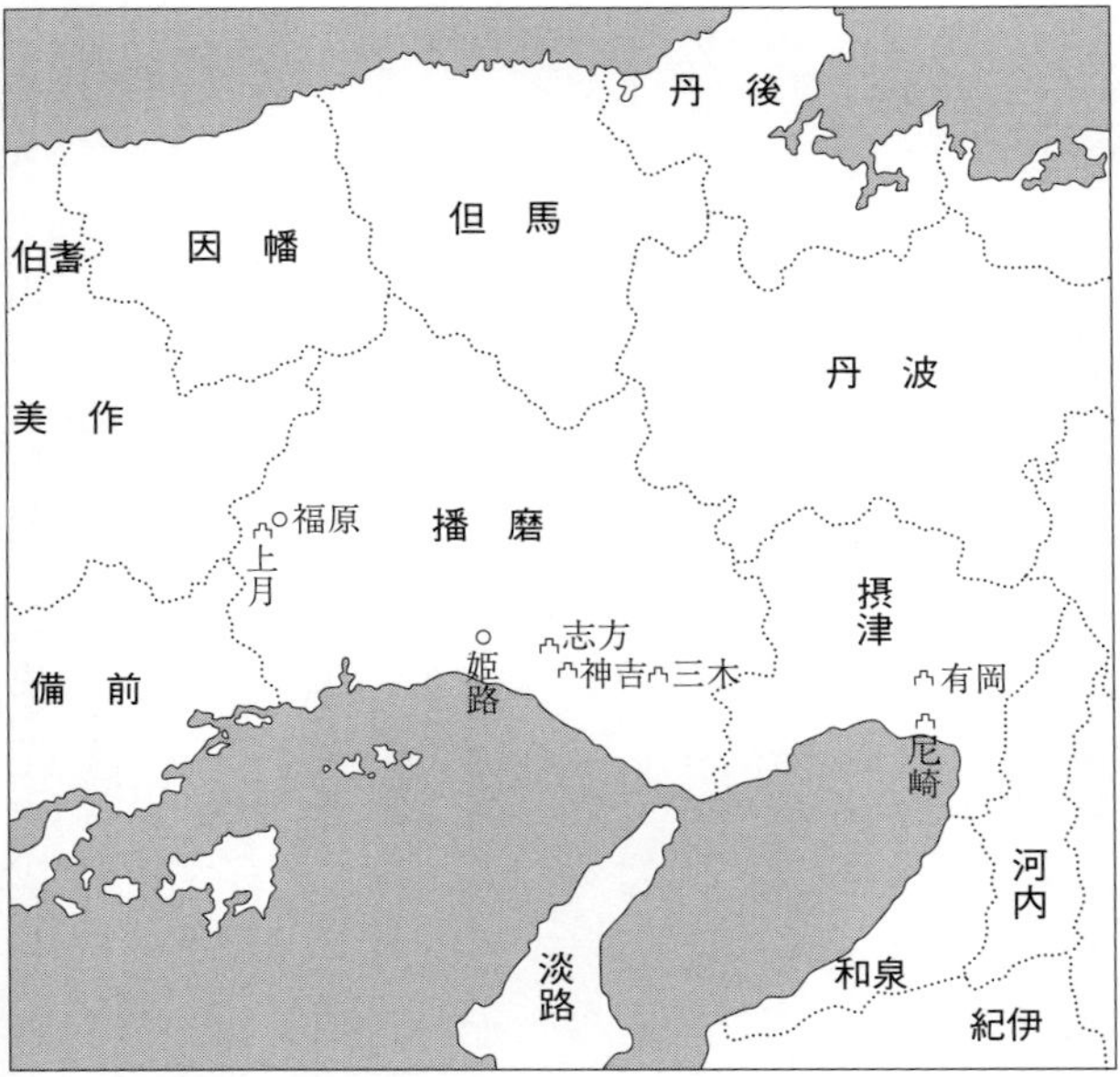

図 3　豊臣秀吉中国侵攻関係図
池上裕子『織田信長』吉川弘文館、2012 年、162〜163 頁をもとに作成。

月城を包囲し、秀吉や荒木村重の救援を退けて、七月上月城を落城させた（七月七日顕如消息、『姫』八・一五四〇）。一方織田方は上月城防衛を放棄し、代りに播磨の神吉、志方の両城を攻略した（『信長公記』巻一一）。一進一退の攻防戦のさなか、一〇月に摂津国有岡城の荒木村重が本願寺と結んで毛利方へ寝返ったのである。

ここに至って窮地に立った織田信長は、天皇を動かして、本願寺との和睦を画策した。一一月に大納言庭田重保と中納言勧修寺晴豊《かじゅうじはれとよ》が、本願寺に正親町天皇の和睦勧告を伝えた。本願寺は、毛利と同盟している以上、単独で受諾することはできないと拒絶した（『立入隆佐記』）。これを聞いた信長は、毛利へも勅使を派遣することにしたが、戦況がここで好転したため、勅使派遣は沙汰やみとなった。

†戦況有利になる織田方

一つには、荒木村重と行動を共にしていた茨木城の中川清秀が、織田方に帰参したのである。また一一月には、九鬼嘉隆の水軍が毛利水軍を六艘の「大船」によって撃退した。九鬼水軍の擁するこの「大船」は、すでに六月に雑賀衆の水軍を撃破するなど、大きな威力を発揮していた（『信長公記』巻一一）。「大船」は五千人乗れる鉄の船で弾丸を通さないとも（『多聞院日記』天正六年七月二〇日条）、大砲三門を積載しているとも（一五七八年九月三〇日ルイス・フロイス書翰引用のオルガンティーノ書翰、CEV I f. 415v.『十六・七世紀イエズス会日本報告集』Ⅲ五、七六頁）されるが、詳細は諸説あって不明である。

第三に、やはり荒木村重と行動を共にしていた高山右近が、イエズス会宣教師を起用した説得によって織田方に帰参した。こうして織田方はふたたび攻勢に転じる。なかでも大きかったのは、毛利方であった宇喜多直家が、天正七年九月、豊臣秀吉の工作によって織田方に寝返ったことである。秀吉が、直家帰参の段取りを調えて、織田信長に朱印状を依頼したところ、信長は秀吉の専断を憤って、一旦は秀吉を追い払ったものの、結局秀吉の献策を容れて、直家の帰参を認めた（『信長公記』巻一二）。さらには北条氏政が武田勝頼と断交し、一〇月に双方で交戦が始まることになる（同上）。

織田方にとって戦況が有利になっていく中で、同年九月荒木村重は、密かに籠城する有岡城を出奔し、尼崎城へ逃亡した。織田方の武将滝川一益が、さらに包囲網を絞ると、荒木久左衛門ら主だった武将らは、尼崎城の荒木村重を説得すると提案し、有岡城の人質たちを織田方に委ねたまま逃亡する。織田信長は、見捨てられた人質の妻子・兄弟らを皆殺しにして報復した。幼い子供を連れた者も、懐妊した女性も含まれており、信長も「不憫ではあったが性悪の者らを懲らしめるために」全員処刑したと『信長公記』は伝える（巻一二）。信長の皆殺しは、一揆に対するだけではなかったのである。

†天皇の権威

天正八年正月には、播磨三木城の別所長治が降伏して自害し、三木城も落城し、三月には、北条氏政が織田信長に服属を表明した。前年一二月には、信長は天皇に、本願寺に和平の勅命を出すよう奏上し、本願寺へは、停戦勧告を伝える女房奉書（天皇側近の女官が天皇の意向を伝達する文書）が、正月には、正親町天皇の勅使が安土へ派遣される。

もちろん本願寺は劣勢にあり、内実は信長への服属勧告である。閏三月、本願寺は大坂を信長に明け渡すこと、一方信長は、本願寺とその門徒を「惣赦免」し、教団全体の存続を認めるとの協定が成立し、本願寺顕如は紀伊国鷺森へ退去した。嫡子教如《きょうにょ》は、信長への不信を表明して、抗戦続行を門徒たちに呼びかけたものの、結局信長に降伏を申し出た。信長は教如を赦免し、大坂からの自主的退去を認めた。こうして畿内から信長への抵抗勢力は一掃された。

この畿内制圧の過程で、荒木村重の叛逆に対して、また本願寺への和睦勧告に対して天皇の力が用いられたことは注目される。もちろん、織田信長の実力があっての上でのことながら、第一章でみた将軍同様、天皇もまた大きな権威を有していた。

武田氏の滅亡で終わった、天正一〇年の織田方の出兵の際には、天皇が、信長に敵対する武田方の国々の神を一時的に流刑にし、信長が勝利した暁には再び（それぞれの国に）勧請することになっており、そのため武田方の甲斐・信濃では大風、霰、大雨となったのだという噂が流れていたこと（『多聞院日記』天正一〇年三月二三日条）も見逃せない。信長の天皇奉仕は、右に述べたようなこの時代の、天皇の権威に基づいていたと考えられる。

京都の馬揃え

ところで、織田信長と天皇との関係において注目されてきたのは、翌天正九年（一五八一）に、京都で信長が行った馬揃えである。馬揃えとは、立派な馬を集めてその優劣を鑑賞する、武家社会で行われた行事で、江戸時代まで行われていたが、信長の時代には、馬も華麗な馬具で装飾し、馬の乗り手も意匠を凝らした装束をつけて馬を乗り廻す一種のフェスティバルとなっていた。特に信長が京都で行ったそれは、典型的な遊興的イベントと考えられている。まずは『信長公記』によりながら、信長の馬揃えについてみてみたい。

まず正月八日に、織田信長の馬廻りたちに対して爆竹を用意し、思い思いに装飾を凝らした装束で一五日に安土城に集まるよう触れがなされた。正月一五日は、小正月の火祭りである左義長《さぎちょう》の行われる日であり、室町時代の辞書『下学集《かがくしゅう》』の元和三年（一六一七）版では「爆竹」を「さぎちょう」と訓んでいるので、信長の意図は恐らく左義長を行うことだったのだろう。果して一五日には左義長が行われ、爆竹が焚かれたが、また思い思いの装束で一〇騎ずつ、あるいは二〇騎ずつ乗馬して馬を駈けさせて見物する馬揃えも行われた。注目すべきはその場に、もと関白の近衛前久が参加していることで、前久は翌日帰京して、吉田兼見を訪れ、馬揃えについて話している（『兼見卿記』正月一六日条）。

ところが、織田信長が安土で馬揃えを行う以前から、どうも内々に朝廷と信長との交渉で、馬揃えを京都で行う話が持ち上がっていたらしい。宮中に仕える女官らの業務日誌『御湯殿上日記』によると、馬揃えの前の九日に、安土に勅使を派遣することになり、広橋兼勝が、使者として信長の京都奉行村井貞勝を訪問し、一二日には、安土へ勅使として兼勝を派遣する件で、中山親綱が誠仁《さねひと》親王のもとに参上している（金子拓「誠仁親王の立場」）。

そして馬揃えの後、二四日に勧修寺晴豊・広橋兼勝が、勅使として村井貞勝を訪問し、天皇が安土で行われた左義長を御覧になりたいとの意向であることを伝えた。その際貞勝は、こちらからも今日、朝廷へ申し入れるつもりであったことを回答した。

事実信長の側も、前日に明智光秀に対して、今回安土で行った馬揃えを、もう一度京都で行うことを伝え、準備を命じている（天正九年正月二三日朱印状、『研究』下九一一）。すなわち、光秀自身はもちろん、畿内で奉公している者らに参加を命じるので、ついては「当然にも、それぞれの考えで若々しい衣装など準備もあるであろうから〈自然若やぎ、思ひ〳〵の仕立てあるべく候間〉」光秀から皆の者に触れよと命じ、公家以下の触れるべき対象を指示している（同上）。

その後、馬揃えの日取りについて談合が行われた後、二月二八日に京都で馬揃えが行われた。馬場に加え、天皇が行幸して見物する桟敷などが設えられ、丹羽長秀、蜂屋頼隆、明智光秀ら重臣たち、織田信忠以下の一族、近衛前久を筆頭とする公家衆、それに細川昭元ら大名たち、馬廻りの小姓らが、何れも一五騎が組になって馬場へ入り、柴田勝家ら北陸にいた家臣たちも加わった。そして諸国から集めた名馬が牽き入れられ、織田信長を先頭に、意匠を凝らした、美々しい装束に身を包んだ者たちが、これも美々しく、贅沢な馬具をつけた馬に乗り、馬揃えを行った、と『信長公記』は記している。

正親町天皇はこれを喜び、馬揃えの最中に一二人の使者を信長のもとに派遣して、「これほど面白い遊興をみたことはなく、喜びも一方でなかったとの〈かほど面白き御遊興天子御叡覧、御歓喜斜めならざるの旨〉」言葉を伝え、「信長は大変な面目を施した〈併しながら信長御面目、勝て計ふべからず〉」という（『信長公記』巻一四）。そして、再度の正親町天皇の要望で、さらに三月五日、もう一度馬揃えが行われたが、五百騎余りの馬が用いられたという（同上）。

†「軍事的威圧」か？

ところでこの馬揃えについては、織田信長が天皇を譲位させるべく、軍事的威圧を行う目的で行われたとの見解が提起されてきた。これは本章冒頭で述べたように「革命児」信長と、伝統的な天皇の権威とを相容れないものとみて、織田権力と朝廷とを対立的にみる見方から出てくるものであるが、近年はこうした視角が見直されるにつれて、別段威圧はなかったとの見解も注目されつつある。これまで述べて来たように、信長が朝廷や天皇に対抗し、あわよくば従属させようと試みた、とする見解は難点が多い。

この馬揃えについても同様なことが指摘できる。まず京都での馬揃えは、天皇の発議によるものか、織田信長の発議によるものか、について。朝廷から信長側への申し入れは正月二四日、対して信長が明智光秀に対し、京都での馬揃えの準備を命じたのは正月二三日である。この一日の前後のみに注目すれば、信長の意図が先行するともみえる。しかし既にみたように、正月九日に朝廷の側から村井貞勝のもとに働きかけがあり、一二日には安土へ勅使が派遣されることが、既に決まっていた。だから二四日に村井貞勝の下に派遣された勅使が、朝廷側の最初の申し入れであったとは限らない。

第二に『信長公記』以外にも、朝廷側の要請によって、京都での馬揃えが行われたことを明示している史料がある。『立入左京亮入道隆佐記』では、安土の爆竹の評判を聞いて、「天皇が京都でやろうとの意向をもって〈京都において御興行あるべきの由、叡慮聞し召し及ばれ〉」二月五日に、安土に女官を派遣したと記している。禁裏《きんり》上御倉《かみみくらしき》職という朝廷の役職にあり、安土への勅使派遣に関わっていた立入宗継自身の記録として、信憑性は高い。

第三に先にみた、明智光秀に宛てた織田信長の指示をみてみたい。これには冒頭、安土での馬揃えでは「爆竹や道具類を用意し、ことにきらびやかに調え〈爆竹、諸道具拵へ、殊にきらびやかに相調へ〉」た光秀の行き届いた心遣いを褒めた後、再度京都で馬揃えを行うことを述べ、前にみたように「当然にも、それぞれの考えで若々しい衣装など準備もあるであろうから」光秀から皆の者に触れよと命じていた（前掲天正九年正月二三日朱印状）。軍事的威圧のためのパレードに「それぞれの考えで若々しい衣装」を着用する必要があるとは思えないし、信長の指示は、派手なイベント以上のことを要求しているとは思えない。

第四に当時の人々が、馬揃えをどのようなものとみていたか、をみてみたい。馬揃えを知っている同時代人は、果して、きな臭い軍事的威圧の雰囲気を感じていたのであろうか。堀新氏の指摘される通り、織田信長の京都で行った馬揃えを、後年豊臣秀吉が京都で行った、北野大茶会と同様のものとしている証言が注目される（堀前掲論文）。

天正一五年に、豊臣秀吉により行われた京都の北野大茶会について、興福寺僧多聞院英俊が記した日記の記事である。「京都では茶の湯のことで、方々所々へ命令がなされた。今日は奈良中の者らがそれぞれ上京している。先年信長が行った馬揃え程の大がかりなものである」（天正一五年九月二三日条）とある。英俊にとって、馬揃えはお祭り騒ぎではあっても、決して軍事的威圧とはみえていない。さらに馬揃えを正親町天皇が喜び、再度所望したという点からみても、『信長公記』が「信長が大変な面目を施した」と記している点からみても、とても軍事的威圧と受け取れるようなものではなかったと思われる。

こうしてみると、馬揃えは、朝廷と織田信長とが、いわば協調して行われたものと考えられる。そしてその動機として、誠仁親王の実母新大典侍局《しんおおすけのつぼね》の死去による、悲しみや沈滞ムードへの対応をあげる堀新、金子拓両氏の見方が注目される（堀前掲論文・金子前掲論文）。金子氏の指摘されるように、馬揃え挙行の日取りを決めるに際して、新大典侍局の四十九日に配慮されていた可能性が高いことも考慮すべきものといえよう。

馬揃えが終わった後、その功績によって朝廷から左大臣に任命したいとの申し入れがあり、これに対して織田信長は、譲位の儀をとり行ってから、左大臣は受けたいと回答したという（『御湯殿上日記』天正九年三月九日条）。譲位の儀が、先に述べたように天皇に歓迎されることであれば、これまた、決して天皇を威圧したとは受け取れない。むしろ「先年御約束した譲位の儀もとり行っていないのですから、その後でなければ御受けできません」との回答であったとみる方が自然であると思われる。

†三職推任

天正一〇年二月、第四章でみるように織田信長は、武田領に総攻撃ともいうべき侵攻を行う。その結果、三月に武田勝頼は敗死し、武田氏は滅亡したことはよく知られている。四月二一日に信長は安土に帰陣し、朝廷ではその日に、勧修寺晴豊らを勅使として安土に派遣することを決定している（『日々記』〈勧修寺晴豊記〉四月二一日条）。そして二五日には、安土から帰ったばかりの勧修寺晴豊が、村井貞勝を訪問し（同上四月二五日条）、信長を、太政大臣か、関白か、将軍かのいずれかに任じることが話し合われた。

これを、織田信長から村井貞勝を介して、朝廷へ任官を強制したとみる見解も出されたが、現在では否定的にみる見解が有力とされている。任官を希望したのが、信長側であるのなら、太政大臣か、関白か、将軍かと、不特定の官職を要求することはないだろう（堀前掲論文）。恐らく朝廷側から、信長がどのような官職なら受けるであろうか、と打診したのに対し、貞勝が、関東平定の功績に匹敵するものとして、信長が受けそうなものの候補を並べた、といったところが内情であるように想像される。

この頃、織田信長に宛てて認められたと考えられる誠仁親王の書状が伝わっている。「天下をいよいよ平和になされた〈天下弥静謐に申付けられ候〉」と讃えた後、朝廷の満足は空前絶後のことであるから「どのような官職にも任じられて、怠りなく御尽力されることが肝要です〈いか様の官にも任ぜられ、油断なく御馳走申され候はん事、肝要に候〉」

と述べている。朝廷から、どのような官職に推挙があろうと、請けられて御尽力下さい、というわけであるが、ともかくこの際朝廷の推任を受けるよう促したのであろう。二七日に上﨟局と大御乳人という二人の女官が勅使となり、それに勧修寺晴豊が同道して行くことが決められ(『日々記』四月二七日条)、彼らは五月四日に安土城に登城した(同上五月四日条)。

信長は、勧修寺晴豊に勅使派遣の趣旨を、小姓の森乱丸を派遣して尋ねたので、晴豊は「関東を討ち果たされた御功績によって将軍になされたいとの趣旨です」と回答した。また信長から「勅使の上﨟局に御目にかかるのが筋であるが、御返事をせずに御目にかかることは如何なものであろうか」との問い合わせがあり、晴豊は「是非お会い下さい」と回答した。これに対して信長は「御両御所」つまり正親町天皇と誠仁親王への返書を認めたのである(『日々記』同日条)。

勅使に対していかなる回答がなされたかは分らないが、織田信長がすぐに勅使に会おうとはせずに、六日にようやく会っていること、勅使に同行した勧修寺晴豊が、帰京後村井貞勝に、信長の回答を伝えたとのみ記していること、から信長は朝廷からの推任を辞退したと考えられる(堀前掲論文)。そうである以上、先に紹介したような、信長の強要によるとの見解は成り立たないし、まして天皇や朝廷を意のままに操りたいとの意図をみることは無理であろう。

後にみるように信長は世間の「外聞」すなわち噂に敏感であり、下剋上を行ったとみられることは極力避けていたように思われる。とすれば、足利義昭が将軍の地位を罷免されることなく、存命である状況では、仮に天皇の意向が、勧修寺晴豊の告げた「将軍になさるべき」とのことであった場合には、受けがたいものがあったのではないか。もちろん現段階では推測の域を出ず、今後の研究が必要ではあるが、このようにみることも可能である。本能寺の変までひと月たらず、とうとう信長の回答は知れぬままになってしまった。

以上二章にわたってみて来たが、将軍足利義昭についてみれば、織田信長は将軍の権威を、少なくとも否定しようとはしなかったし、天皇の権威についても同様にみることができる。どうも巷間言われているのとは逆に信長は伝統的権威をないがしろにするどころか、かなりそれに気を遣っていたと思われるのである。それでは信長の目ざしたものは何か、改めて世上有名な「天下布武」の朱印に立ち返ってこの点を考えてみたい。

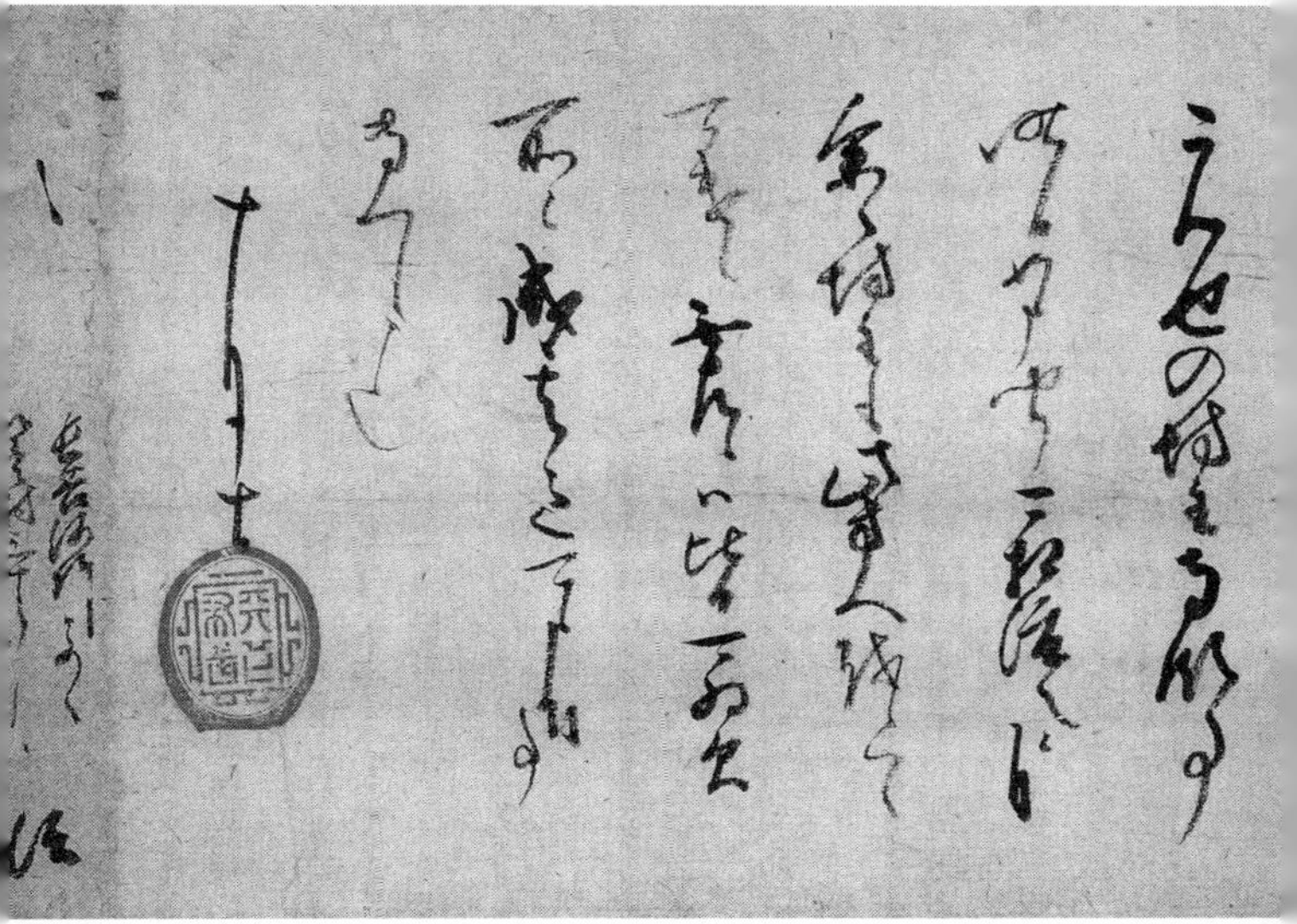

第三章
「天下布武」の内実

天正６年10月10日織田信長朱印状（安土町浄厳院蔵）

織田信長は伝統的権威を顧慮しない、時代を革新した人物であるとされてきた。しかし実際には、これまで見たように、信長が将軍の地位を重んじて、自ら京都を放棄した足利義昭をもあくまで主君として立てる人物であり、天皇の権威を重んじて皇室への手厚い奉仕を心がける人物であったと考えられる。それでは「信長の箱」を構成するもう一つの要素、つまり「天下統一」の野望をもって邁進した人物であるという点は確かであろうか。ここではその「天下統一」の野望という点について検討したい。

1 「天下布武」の朱印状

†朱印の押捺

織田信長が実際に「天下統一」をめざしたとされる最大の根拠は、彼が「天下布武」という朱印状（本章扉）を用いたことであろう。「布武」とは「武力が行きわたる」と解釈できるから、彼は「天下に武力が行きわたる」という標語を旗印にしたと考えざるを得ない。そう考えれば、日頃から「天下統一」の野望を公言していたことになる。事実高校の日本史教科書にも、例えば次のように書かれている。「一五六七（永禄一〇）年に美濃の斎藤氏を滅ぼして岐阜城に移ると、『天下布武』の印判を使用しようとして天下を武力によって統一する意志を明らかにした」（山川出版社『詳説日本史』）。

第一章でみたように、永禄一〇年九月、岐阜城に移った織田信長は翌一一年七月、足利義昭を美濃国立政寺に迎え、これを擁して隣国近江国の守護大名六角氏の軍勢を打ち破り、入京を敢行する。その入京の主役は、世間的には義昭であり、信長はそれに「供奉」する存在としかみられていなかったとしても、こうした経緯をみていくと、信長が内心何をめざしていたかを忖度してみれば、「天下布武」の朱印状を使用したことは、天下統一事業の第一歩であり、その宣言とみえるかもしれない。

しかし、一方からいえば信長は、少なくともこの時点では、全国のうちの、尾張・美濃という僅かに二国の大名に過ぎない。岐阜城に移った時点でも、隣国近江には六角氏が居り、越前には朝倉氏がいる。そればかりか関東には北条氏、甲斐・信濃には武田氏、さらに越後には上杉氏、中国地方には毛利氏がいる。これらの名だたる大名らに対して「天下統一」の野望を公言することは、余りにも不用意だという印象はぬぐえない。

なぜならば、「天下布武」の印判状を用いることによって、織田信長の野望は全国に知れわたるだろう。全国に割拠する諸大名たちは、自分たちの征服をめざす武将が、京都に登場したことを知るに違いない。そうなれば、却って諸大名の警戒心を引き起こし、周囲の大名が連合して大規模な反信長戦線が形成されるかもしれない。それにこの時点では、織田信長は、将軍足利義昭に「供奉」する存在としかみられていなかったはずである。たかだか将軍の家来としかみられていない信長が、全国の征服を公言すれば、信長は将軍足利義輝を暗殺した三好三人衆の同類としか思われないのではないか。

仮に「天下統一」の野望を心に懐いているとしても、そのことを公言することが野望の実現にとって有利か否かは別問題である。信長はこれが、少なくともその時点では信長に肩を並べるような有力大名を刺激するとは考えなかったのだろうか。こうした想定ができないようでは戦略家としては失格であることはいうまでもないだろう。一方では第一章でみたように、永禄一二年正月に将軍足利義昭の御所を三好三人衆が襲撃した時には、身命を捨てて忠節を尽す家臣として振舞っている。あくまでも将軍の家臣として振舞う信長が一方で傲然と「天下統一」の野望を公言するとは、いったいどうしたことだろうか。

あまつさえ織田信長は、元亀元年（一五七〇）には毛利元就に対して、天正元年（一五七三）には上杉謙信に対して「天下布武」の朱印を押捺した書状を送っている。普通の感覚からいえば宣戦布告ともとられかねないだろう。彼らに対して、私は「天下を武力で統一する」つもりだ、と公言するのと同じで、両者とも直ちに織田軍の侵攻に備えるに違いない。こんな軽はずみな宣戦布告をするようでは、やはり戦略家としては失格といわざるを得ない。そもそも織田信長は、巧妙な軍略で名を馳せた戦さの天才ではなかったのか。

†「天下布武」と領国支配

織田信長が元亀元年に毛利元就に送った朱印状をみてみよう。その内容はこの年の四月に行った越前攻めに始まる、朝倉・浅井との抗争、有名な姉川合戦などの経緯を報告したものである。そして最後に「畿内やその他の様子をお聞きになりたいとのことなので、実態を詳しく書きました。また申します〈畿内その外の躰、聞き届けられたき由候条、有姿端々筆を染め候。猶追て申すべき事〉」と記されている（七月一〇日朱印状、『研究』上二四五）。一見して対等な大名同士の友好的なやりとりであり、どこにも「天下統一」の野望を公言する様子はみられない。「天下布武」の意味がこれまで言われてきたようなものだとすれば、書状の内容は、印判とは全くそぐわないものであることは明白である。

次に天正元年（一五七三）八月の上杉謙信宛のものをみてみよう。この年は、前述したように足利義昭が信長に公然と敵対し、遂には槙島城の戦いで義昭を降伏させ、三好義継の河内国若江城に送り届けた年である。さらに八月には朝倉氏を攻撃し、攻め滅ぼすなど越前国に進軍していた。まずは如何に足利義昭が敵対し、実子を人質に出して降参したか、という経緯が説明されている。

その次に、上杉謙信が越中国に出陣したことにより、加賀一向一揆が蜂起したとの噂を聞いたことが告げられており、「謙信殿は直ちに出陣されて、この機会に（一向一揆）を討ち果たすべきです。加賀の能美郡・江沼郡は当方に降伏を申入れているような状況ですので、越中の一揆は間違いなく敗走するでしょう。油断されることなく戦さをされることが肝要です〈早速謙信御発足ありて、この刻討ち果すべく候。加州能美・江沼両郡は此方に悃望せしめ、相済み候条、越州表に罷出づる一揆、定めて敗走程あるべからず候。御油断なく御行《てだて》肝要に候〉」（八月二〇日朱印状、『研究』上三八五）と述べている。

明らかにこの時点で同盟者であった上杉謙信へのエールを送ったものとみてよい。これも第一章で述べたように、この時期、足利義昭は、織田信長と対立する武田信玄と結んでおり、信玄と対立する謙信は逆に織田信長と結んでいた。つまり、織田・上杉とこれと対立する足利義昭・朝倉・浅井・本願寺（つまり加賀一向一揆）、というのが当時の対立の構図であった。そしてこの書状には前述のように「天下布武」の朱印が押されていた。「天下布武」が従来言われてきた通りの意味なら、信長は大事な同盟者に対して、「天下統一」の野望を語り、宣戦布告したことになる。そして書状の言葉ではこの同盟者の合戦にエールを送っているのだから、まるで支離滅裂の印象はさけられない。

結論的にいえば「天下布武」を武力による全国統一と解釈したことが誤りなのである。織田信長のアピールする「天下布武」は、毛利氏の安芸国を始めとする中国諸国の支配、あるいは上杉氏の越後国支配と対立するようなことではない。むしろ両立し、織田・毛利、織田・上杉が共存共栄を図ることができるようなことだと考えられるのである。今一度「天下布武」の意味を検討することが必要であろう。

†「天下」の意味

これまでの解釈のどこが誤っているのだろうか。これまでは「天下」を直ちに全国のことと解釈してきた。「天下」を全国とみれば「天下布武」は確かに全国の武力統一という意味にもなるだろう。当時の史料をみてみると確かに「天下」の語には漠然と全国を指す用例もなくはないものの、もっと限定された意味で用いられることが普通だったようである。以下「天下」の語義を調べていきたい。

まず織田信長の時代以前に、「天下」の語がどのように用いられていたかを簡単にみておきたい。この時代には将軍に関連する言葉として使われる事例がめだつのである。もちろん、日本全国を漠然とさしたり、この世界、という程度の意味で用いられる場合もあるが、室町時代以降、将軍に関連する用例がみられる。例えば第一章でみたように、信長は将軍足利義昭に「天下の事はどのようにも信長にお任せになった以上、将軍のご命令なしに信長が自分の判断で計らう」ことを宣言している。信長に天下を委任したのは、将軍なのであり、言い換えれば将軍こそ、天下に権限を行使すべき存在ということになる。

既に一六世紀前半、京都から逃亡せざるをえなくなった将軍足利義晴は、諸国の大名に、自分が再び京都に帰れるよう尽力することを要請した。越後の大名であった長尾為景には義晴側近の大館常興《おおだちじょうこう》から「将軍が仰せられたことを受け入れ、早速御味方すれば、天下に対する御忠義としてこれ以上のものはありません〈上意として仰せ出され候の旨、目出、早速御一味申され候はゞ、天下において御大忠これに過ぐべからず候〉」と述べている（『上杉家文書』五月二三日大館常興書状）。

また将軍足利義輝の勧告によって、出雲の戦国大名尼子氏と、安芸の毛利氏とが、一六世紀後半に将軍足利義輝の勧告によって、和睦交渉をすることになった。その交渉の過程で尼子義久の家臣らは毛利家に対する書状の中で「この安芸と出雲とが和睦する事は、『天下』へ御約束した事ですから、何ら裏表のあることではありません〈この芸・雲御和談の事は天下への御請け申したる事に候、心底少しも表裏なく候〉」と述べている。尼子氏家中が御約束した「天下」とは、将軍義輝その人としか考えられない。

†「天下」と「国」と

永禄一二年将軍足利義昭は、上杉謙信に対して「越後と甲斐とが和睦して、天下が平和となるような（将軍への）奉仕を、信長と談合することが大事である〈越・甲此節和与せしめ、弥天下静謐の馳走、信長と相談すべき儀、肝要〉」（『上杉家文書』二月八日御内書）と指示している。この命令を謙信に取り次いだ織田信長も、「越後と甲斐との間の和睦についいて、（将軍が）御内書を発せられました。この時にあたって和を結ばれ、将軍に御奉仕なさることが大事です〈越・甲御間和与の儀につき、御内書をなされ候、此の節入眼ありて、公儀御馳走肝要候〉」（同上二月一〇日書状）。大名が天下の平和のために尽力することは、将軍への奉仕であるとされていたのである。

このように将軍それ自身、あるいは将軍の管轄する政治などが「天下」の語で表現されていることが判る。この他に、第一章でみた、織田信長の足利義昭に対する十七箇条の諫言にあるように、元亀という元号が不吉であるとの「世間の評判〈天下の執沙汰〉」(第一〇条)や、宿直の若衆への不適切な恩賞に対する「世間の批判〈天下の褒貶〉」(第十五条)のように、中央政権に対する世論の主体を指す場合がある。

また戦国大名の領国を表す「国」とは区別された領域を指す「天下」の語があることが注目される。正親町天皇の即位大礼の折に尽力した毛利元就に宛てた正親町天皇の綸旨には、元就の行為は「天下の大きな名誉であり、国家の目出度い評判として、これ以上のものはない〈天下の美誉、国家の芳声、何事かこれに如かんや〉」と記されている(『毛利家文書』二月一二日綸旨)。「天下」においても名誉であり、「国」においても好評であるとの表現は、戦国大名領国とは異なった範囲をさす、天下の用法があることを窺わせるものである。

中世後期、すなわち一五、一六世紀の日本では徳政、つまり借金の棒引きがしばしば実施されたことはよく知られている。このため、この時代の土地売券(土地の売買証文)や金銭の借用証文には、たとえ徳政が実施された場合にも、この売買契約、ないしは貸借契約は有効である、との断り書きが記されるのが普通だった。この記載を徳政担保文言というが、その徳政担保文言の中に「天下一同の徳政、または国レベルの徳政、あるいは一定の私領内での徳政があっても」この契約は有効である、との趣旨のものがある。天下における徳政、国レベルの徳政、国衆らの私領における徳政がそれぞれに違ったものであることが窺える。これも天下が「国」とは異なる領域であることを示唆している。

†天下の範囲

こうしてみると、織田信長の時代には、天下とは、現在のように、日本全体、ないしこの世界という漠然とした意味で用いられていたわけではないことが判る。この時代には、何よりも将軍に関連していること、中央政権への世論の主体であること、そしてどうも範囲が限られたものであることが予想されるのである。それでは天下とはこの時代、どのような範囲を指していたのであろうか。

一六世紀の日本の歴史における画期的な出来事の一つは、この時代に日本は初めてヨーロッパ人との接触をもったことである。ポルトガル人が日本を訪れ、南蛮貿易が始まった。来日したポルトガル人の中にはポルトガル王室の保護のもとに、キリスト教布教に邁進していたイエズス会の宣教師たちがいた。これら宣教師の一人、当時の布教活動と共に日本の歴史を活写した『日本史』の著者として知られるルイス・フロイスの報告書にある、日本に関する記述をまずみてみよう。

尊師（イエズス会上長を指す――引用者）も定めてご存じのことであるが、日本全土は六六の国に分かれている。……その中で最も主要なものは日本の君主国を構成する五畿内の五つの王国である。というのはここに日本全土の首都である都があるからである。そして五畿内の君主となるものを天下の主君、すなわち日本の君主国の領主と呼び、そのもてる権力と幸運とに合致するだけ、天下の主君である者はその他の国々を従えようとするのである（一五八八年二月二〇日ルイス・フロイス書翰、CEV II f.188-188v.『十六・七世紀イエズス会日本報告集』Ⅲ七、一六二頁、一部改変）。

ここでは京都を含む五畿内（山城、大和、摂津、河内、和泉の諸国）を「日本の君主国」と呼び、その君主を「天下の主君」と呼ぶことが明確に記されている。すなわち「天下」とはずばり京都を含む五畿内のことと認識されているのである。

これに対応する日本側の史料がある。天正一〇年(一五八二)一〇月一八日付けの豊臣秀吉書状である。周知のように天正一〇年織田信長は本能寺の変で明智光秀の叛乱に斃れ、豊臣秀吉ら織田家々臣の手で明智討伐が行われ、光秀も滅んだ。その後尾張国清洲城で、今後織田家をどのように維持して行くか、豊臣秀吉、丹羽長秀、柴田勝家ら織田家重臣らによる会議が行われた。有名な清洲会議である。その会議の様子を信長三男の神戸信孝の家臣斎藤利尭《としたか》、岡本良勝に報告したものである。

清洲会議で問題になったことの一つは逆臣明智光秀の旧領をどうするか、である。「坂本城領は、明智討伐の主役である秀吉こそ領有すべきであると皆が言ってくれたけれども、もし拙者が坂本城領をもてば、(拙者の所領が)天下を包みこむことになり、秀吉は天下に意見を通したいために志賀郡(すなわち坂本城領)を領有したのだ、と世間では思うであろうから〈坂本の儀、我等取口に仕るべきの由、各々申され候といへども、坂本を持候へば、天下を包み候て、筑前[秀吉]天下の異見をも申し度きにより志賀の郡をも相抱へ候と人も存じ候へば〉、短期間であろうと迷惑であるので、大人の配慮によって丹羽長秀殿に渡した」(『愛』一二・五七)とは秀吉の言い分である。

当時播磨国は姫路城を拠点とする秀吉の領分であった。それに加えて近江国志賀郡を領有すれば秀吉の所領は五畿内の両側を抑えることになる。つまり「天下を包む」ことになり、天下を包囲することも可能な立場となるから、口さがない世人は、秀吉は天下に幅をきかせるために明智の旧領を領有したのだと思うに違いない、というのが秀吉の思惑であった。ここでも「天下」は播磨国と近江国に「包まれる」地域なのである。

こうしてみると、上杉謙信も同じ認識をしていたことが想起される。永禄九年（一五六六）五月に、上杉謙信は神仏に祈願する願文を作成し、「武田信玄を退治し、北条氏康と自分が真実の和睦を結び、留守にする越後国を気づかうことなく天下に上洛できるように」祈願している（『上杉家文書』）。「天下」とは越後から「上洛」すべき場所であった。

ところで織田信長が「天下布武」を掲げたのは永禄一〇年のことである。第一章で述べたように、この時期は、尾張国の隣国美濃国の平定を実現したばかりの織田信長としては、一度頓挫した、足利義昭の上洛に自ら供奉していくことが、再度現実味を帯びてきた時期である。この時期に、将軍が本来管轄すべき五畿内すなわち「天下」に、将軍による支配を打ち立てるために尽力することが信長の当面の目標であったとしても何ら不思議はない。「天下」の範囲について、五畿内という限定された地域を考えれば、「天下布武」の朱印も、五畿内における将軍秩序樹立のスローガンということになろう。もちろん毛利氏の中国諸国の領有や、上杉氏の越後国支配とも何ら抵触しない、むしろ両立可能なものということになる。そうなれば、この印判を毛利元就や上杉謙信への書状に押捺した織田信長の意図も理解できよう。あくまでも畿内における「天下」の秩序の樹立をめざす者である、と信長は自己アピールしていたことになる。

そこで次に「天下」をこのように理解した上で、改めて「天下布武」を宣言した信長のその後の行動を検証してみることにする。

2 天下の平和

†入京と畿内平定

さて、美濃国に足利義昭を迎えた織田信長の足跡をしばらく辿ってみよう。永禄一一年八月、織田信長は近江国佐和山に出向き、近江国の大名六角承禎に足利義昭の上洛に尽力することを求め、上洛成就の暁には侍所所司代に着任されたいとも申し出たが、六角氏は申出を拒否したことは第一章で既にみた通りである。そこで九月七日、信長は足利義昭に暇乞いをし、近江国を討伐して義昭の許へ「御迎え」を派遣することを言上し、近江へ攻め込む（『信長公記』巻一）。六角氏の本拠である観音寺城を落すと約束通り義昭を桑実寺に迎えた。さらに大津に進んで義昭を三井寺光浄院に迎え、九月二六日京都に入って信長は東寺へ、義昭は清水寺に陣を取った（『言継卿記』同日条）。

通常はこうして入京したことをもって足利義昭は将軍に復帰したとされる。しかし第一章でも触れたように、実はこれからが義昭と信長の本筋の軍事行動であった。入京するとすぐ山科、粟田口、久我で軍事衝突があり、さらに三好三人衆の一人石成友通の立て籠もる西岡勝龍寺城で合戦が始まっている（『言継卿記』九月二七日条）。その中で大和国多聞山城の松永久秀は早くも情勢を察知して京都へ人質を進上している（『多聞院日記』九月二九日条）。九月二九日の晩に勝龍寺城は義昭・信長軍の前に落城し、翌日義昭は摂津芥川城に陣を移した（『言継卿記』九月三〇日条）。

一〇月二日に織田信長は池田城を攻略し、池田勝正を降伏させた。松永久秀は芥川城の義昭にお礼に参上し、大和一国を「切り取り次第」に領有することを認められた（『多聞院日記』一〇月五日条、『細川両家記』）。池田勝正もまた足利義昭にお礼に参上し（『言継卿記』一〇月四日条）、この折三好義継も挨拶に向い河内半国の支配を認められたという

（『細川両家記』）。これにより山城・摂津・河内・丹波・近江の諸国が悉く服属する（『多聞院日記』一〇月六日条）。昔からこれほど短時間に将軍の威令が行き渡ったことはなく、前代未聞のことであったという（同上）。

その後将軍の武将細川藤孝、和田惟政、織田信長の武将佐久間信盛らが大和国平定戦を続けるのであるが、一〇月一四日、足利義昭、織田信長は京都に凱旋し（『言継卿記』同日条、一五日条）、義昭は将軍宣下を受けて、最後の室町幕府の将軍は京都に復帰した。「五畿内・隣国皆もって御下知に任せら」れた（『信長公記』巻一）後のことである。

†「天下布武」＝将軍の五畿内平定

さてこの経緯から明らかなように、足利義昭・織田信長は美濃国から六角氏領国であった近江国を平定して京都に入ったばかりではない。摂津国、河内国を平定し、「五畿内」とその隣国を斬り従えた後に京都に凱旋したのである。この一連の軍事行動が、信長の称する「天下布武」であったことは推測にたやすい。美濃を平定したばかりの織田信長が宣言したことは正統な将軍足利義昭の威令が「天下」すなわち五畿内に行きわたることであり、事実それが大方なし遂げられた状況に至って京都に帰ったといえよう。

この「天下布武」は、足利義昭を正統の将軍と認める大名たちにとっては別段利益を損なうようなことでなかったことはいうまでもない。事実、九月二六日の入京の直前に、織田信長は上杉謙信と書翰のやりとりをしている。信長は謙信側近宛の九月二一日の書翰で、もらった書翰の礼を述べると共に、近江国を平定したこと、二四日には義昭が琵琶湖をわたることになっていること、「いよいよ〈公方様の〉御威勢が行き渡ることとなりましょう〈いよいよ御本意に任せられ候〉」ことを報告している（『研究』上、九八）。将軍の上洛に供奉することが、決して他の大名から咎められるはずもないことは明白である。

†「天下」は平和になった

織田信長の称する「天下布武」が、実は足利義昭による畿内平定であったことを窺わせるものに、この畿内平定に対する信長自身の評価がある。信長は足利義昭が京都を回復してから「天下」は平和になったと認識していた。

例えば元亀元年（一五七〇）には、第一章で述べたように、前年からの足利義昭との諍いの結果、義昭と織田信長との間で五ヶ条の覚書が確認された。その中の一つに「天下を平和になされた以上〈天下御静謐の条〉、朝廷に対する職務には、一つとして抜かりがあってはならない」というものがある。義昭に将軍本来の任務である、朝廷の行事が円滑に遂行されるよう計らうという業務を怠ってはならない、というものであり、天皇家を重んじる信長の認識が明確に窺えるものである。

その前提として「天下を平和になされた」と織田信長が述べていることが注目される。「天下が平和なのだから、朝廷に対する勤めはますます精を入れなくてはならない」とのことであるが、信長にとっては、元亀元年の時点で既に「天下は平和」であると見えていたことになる。これは、信長のいう「天下の平和」の内実を考える上で注目すべき発言といえよう。現代のわれわれが錯覚しがちなように、「天下の平和」は全国統一のことではない。あくまでも五畿内が将軍に服属することが問題だったのである。

同様の発言は、伊達輝宗への、天正元年（一五七三）一二月の書翰からも窺える。そこで織田信長は「天下のことは、そちらにも伝わっている通り、私が公方様の御上洛に供奉して、公方様が京都に安全な居場所を得られ、数年は平和であったのに〈天下の儀、相聞え候如く、公儀御入洛に供奉せしめ、城都に御安座を遂げられ、数年静謐の処〉、甲斐の武田信玄だの、越前の朝倉義景だのいう大名ら悪人共が公方様をそそのかしたおかげで、とうとう（公方様は）御謀叛を企てられました」と述べている（『研究』上四三〇）。

これもまた、足利義昭の上洛・畿内平定の後数年間、「天下が平和」であったという、織田信長の認識を示すものであろう。織田信長が上洛以降使用し続けた「天下布武」の印判に籠められたスローガンは、この「天下」に将軍の威令が行き渡ることだったのではないか。信長は足利義輝の暗殺によって、自ら平和のために尽力する決意をし、中国では「至治の世」（理想的な支配の行われている時代）にのみ現れる、麒麟という想像上の動物に因んだ花押を用いはじめたとは佐藤進一氏の学説である。この説を前提とすれば、「天下布武」もまた同様の意味であったと考えることができよう。

もっとも仮に織田信長の当初の目的が「天下」すなわち五畿内に将軍の威勢を行き渡らせることだったにしろ、足利義昭を追放した後は信長が「天下」の主になった。だからそれ以降拡大していった領土は「天下」の領域に含まれたのではないか、「天下」は義昭・信長の五畿内平定の時のままではなく、拡大していった可能性はないのか、という疑問も考えられる。そもそも信長は、日本全国に拡大していくような全国平定をめざしたはずであり、五畿内に過ぎない天下と、諸大名との分国が並存するという状況を室町将軍のようにそのまま容認しておくはずはない、とは常識的には想定可能であるし、学説としても、これまで多くの研究者によって当然の前提とされてきた認識である。

しかし、その後も長期にわたって天下と諸大名の領国とは並存していたと考えられる。織田信長が滅び、豊臣秀吉が「天下」を取り、その死後徳川家康が「天下」を受け継いでからも、依然「天下」とは五畿内の領域を指していたことを明快に示す史料がある。当時の日本に関するイスパニアの商人アビラ・ヒロンの証言である。

現在の日本の国王（徳川家康―引用者）は五畿内と呼ぶ天下の五つの国と、彼が天下をその手に収める前に、領主であった自領の三河、金銀の鉱山、彼にとって莫大な利益となっている長崎の市、それに毎年彼に上納される贈物……これだけを彼は領有しているにすぎない。（『日本王国記』）

徳川家康の領有した「天下」もまた五畿内であった。日本で「天下」と呼ばれた地域が、徳川家康の時代に至っても、依然として全国ではなく五畿内であったことが分る。そうだとすれば織田信長の一生の間、「天下布武」の意味も当初と変らなかったといえよう。

†「軽蔑する」王侯とは？

このようにみて来ると、信長の箱を構成していた第二の要素である「天下統一」（従来の解釈でいえば全国統一のこと）の野望があったかどうか、だいぶ怪しいように思われる。例えば織田信長は京都に入ったばかりの頃、既に「すべての王侯たちを軽蔑し、下僚に対するように肩の上から話す」という「絶対君主」の風貌を具えていた、という先ほど報告書を引用したルイス・フロイスの証言がある（『日本史』第一部第八三章、『フロイス日本史』四・第三二章）。まるで将軍までが信長から蔑ろにされていたような印象がある。しかし『日本史』のこの部分の「日本のすべての王侯」は、ポルトガル語で reis & principes do Japão と記されていることに注目すべきであろう。

なぜなら「王」を表す rei の語を、宣教師は日本の大名を表すのに用いていた。薩摩の島津氏にも大友宗麟にも rei の語を用いている。この言葉はポルトガルの国王を表すのにも用いられているため、一国の支配者を連想しやすいが、日本にあてはめた場合、大名のことを指している。そうなるとこの記事が最初に書かれた一五六九年当時、信長が話しかけるような大名といえば、足利義昭に帰参した三好義継や松永久秀のような人々であろう。

足利義昭に服属した彼らに、義昭の代官ともいうべき信長が「下僚のように」話しかけるのは当然のことである。

一方「侯」を表すprincipesはその伝でいけば、大名よりさらに身分の低い国衆程度の者たちであろう。彼らに信長が「下僚」のように話しかけるのはこれまた当然といえよう。フロイス云うところの「総ての人々から絶対君主のような服従を得ていた」との記述にみえる「絶対君主のようなcomo senhor absoluto」態度は、義昭に服従した大名や国衆に示されたものであり、別段信長が旧来の身分秩序を重んじなかったことを示すものではない。

「天下人」とは何か

むしろ織田信長は、第一章、第二章でみたようにあくまでも足利義昭を主君として立て、自らは人臣として天皇を立てるというスタンスに徹していたとみたほうがよい。ただしそれでは義昭追放の後に、全く変化がなかったかといえばそうではなく、「公家になった」とみられていたことは第一章・第二章でもみた通りであるし、事実官位を得ていたことは第二章でもみた通りである。そして次の第四章でもみるように、信長が義昭追放後に天下を所有している人とみられていたことは間違いない。

先ほど登場したイエズス会宣教師ルイス・フロイスは、織田信長が「公方さえも都から放逐して日本の君主国、すなわち天下と称する近隣諸国の征服に乗り出した」(一五八二年一一月五日書翰、CEV II f. 61v.『十六・七世紀イエズス会日本報告集』Ⅲ六、一一九頁)と述べており、信長が天下を掌握したことを明言している。また別の書翰にも「信長の死後、日本で生じた戦さと諸事の状況、ならびに天下、すなわち、都に隣接する諸国からなる君主国の支配と政治を誰が手にしたか」と記し(一五八四年一月二日書翰、CEV II f. 92. 同上二〇五頁)、天下が信長の死までその手にあったことを明記している。

天下の主、つまり天下人であり、同時に将軍や天皇の権威に敬意を払っているという行動とを、どういう風に整合的に解釈すればよいだろうか。先に触れたが将軍足利義輝が、尼子氏の家臣たちから「天下」と呼ばれていたことを想起したい。織田信長や豊臣秀吉の前に、実質的に天下人とよばれる存在があったことが示唆されるからである。そしてさらに先ほどみたように、名実ともに天下人であった徳川家康が自らの分国三河を除くと、将軍の直轄である金銀の鉱山や長崎と五畿内を握っているに過ぎないとみられていたことを想起したい。すなわち足利将軍、信長、秀吉、家康が等しく五畿内の領主として天下人であったとみることができるのである。天下人という存在は信長の時に「天下布武」の朱印と共に初めて登場したものではなく、少なくとも幕府の衰微の極といわれた一六世紀の後半から、既に原型としては存在していたのではないだろうか。

冒頭にあげた「織田が搗き、羽柴が捏ねし天下餅、座りしままに喰らふ徳川」との狂歌にみられるように、現代人は「天下統一」が織田・豊臣・徳川によって創造されていったものと見がちである。乱れた戦国の世には天下統一などありえなかったというのは、実態としては確かにその通りである。しかし、だから天下や天下人という観念も、誰の心にもなかったとまでは言い切れないのではないか。まして、それを初めて現実にめざしたのが織田信長であるとは限らない。だとすれば、「天下」とよばれた室町将軍の時代にも、五畿内の領主と見なされた天下人という存在を想定することは可能である。

むしろ織田信長の行動を通じて、当時の人々が思い描いていた天下や天下人がどのようなものであり、天下統一とはどのようなものであったのかが、具体的にみえてくると期待することも十分できるのではないか。その場合次に問題となるのは、信長はなぜ、わざわざ関東まで出陣して武田勝頼を滅ぼしたのか、なぜ中国地方に豊臣秀吉を派遣して毛利と戦い、中国平定を試みたのか、本能寺の変直前には四国の長宗我部氏にまで軍勢を送ろうとしたのは一体なぜなのか、という点である。やはり信長が指向したのは際限のない分国拡大ではないか、結局は全国制覇を夢見ていたのではないか、との疑問はここから生まれてくるからである。

そこで次の章では、織田信長の全国平定事業の一環とされてきた軍勢の派遣についてみてみることにしたい。

第四章

分国拡大の実態

長篠合戦図屛風(犬山城白帝文庫蔵)

既に述べたが、天正元年（一五七三）七月、将軍足利義昭は京都郊外の槙島城で織田信長に降伏し、京都から没落した。義昭が放棄した「『天下』を上洛してまず取り鎮めた」（七月一三日書状、『研究』上三七七）信長は、その後甲斐・信濃を領する武田勝頼との戦いを続け、さらに西国の毛利氏と開戦し、越後の上杉謙信とも敵対する。従来はこれこそが日本全国を平定せんとする信長の意図した戦争であり、「天下布武」の内実であると思われてきた。しかし「天下布武」がそのようなものでないことは前章で述べた通りなので、信長が武田氏や毛利氏と開戦した理由を改めて検討したい。

従来はともすれば、織田信長の戦争は全国平定という信長自身の意図から説明され、周囲の情勢の方が信長を開戦に追込むという構図は想定されて来なかったように思われる。しかし信長だけが宣戦も和睦も意のままという特権的な地位にいたはずはなく、周囲の大名らから戦争に追込まれる場合もあり、現に元亀元年（一五七〇）の三好三人衆、朝倉、浅井、六角、本願寺との戦争、元亀三年に始まる武田信玄との戦争や翌年の足利義昭との戦争がそうであったことは第一章で述べた通りである。全国制覇という観点をひとまずリセットして、それぞれの戦争を個別の状況から考える必要がある。まず対毛利戦である。

1　織田・毛利戦

†「境目」の戦争

織田・毛利両氏の戦いは、天正四年（一五七六）二月に、毛利領内の備後国鞆を将軍足利義昭が訪れ、帰京のために毛利氏の尽力を求めた直後に起っている。従ってまずは将軍義昭の働きかけが要因といえるが、実はこれに加え、これまで友好的であった両家の間に「境目」すなわち双方の勢力圏の境界で紛争が起っていたことも大きな要因であった（柴裕之「織田政権と黒田官兵衛」）。

毛利輝元は開戦の直前、湯浅将宗という武将に宛てた手紙で「去年から信長が備前・播磨について言い分を主張しており、和解のために交渉中である。しかし将軍様が領内にやって来られたので（織田方の）疑念はいよいよ募っているから、『境目』で戦争が起れば出陣する。そちらも（合戦の）準備をしてご尽力されたい」（二月二二日書状、戦瀬四四四）と述べている。また輝元の叔父小早川隆景も湯浅将宗に対し「将軍様が来ておられ、『境目』のことで織田側から仕掛けているので、これは私事の戦いではないから〈私の弓箭にあらざるの条〉よく了解して尽力されることが肝要である」(正月四日書状、戦瀬五四七号)と出陣を要請している。信長との間での「境目」に関する争いもまた毛利家からみた織田・毛利戦のきっかけであった。

そもそも足利義昭自身、「度々毛利領内に行くとの意志を伝えていたが、織田方と相談の上回答するという(毛利側の)言い分を考慮して待っていた。しかし織田信長の毛利輝元に対する敵意は明白なので、今度毛利領に入った」(『小早川文書』二月八日御内書)と小早川隆景に述べている。織田・毛利の友好関係に遠慮していたが、信長が敵対した以上、もはや自分に味方しない理由はないだろうというのが、義昭の言い分である。

織田・毛利の敵対関係は両者の「境目」のことで生じたというのであるが、これは何を指しているのだろうか。この事情を理解するには、少し時間を遡ってまだ将軍足利義昭に織田信長が「供奉」していた時代から見直す必要がある。義昭が入京した頃、備前国三石の天神山城に本拠をおく浦上宗景とその武将で備前岡山を本拠とする宇喜多直家は、毛利氏と抗争していた。美作・播磨・備前・備中の国境地域で浦上・宇喜多らに味方する国衆と、毛利方につく国衆とが抗争し、武力抗争が繰り返されていたのである。

†義昭・信長の調停

入京早々、足利義昭は宗景の播磨侵攻を咎め、停戦を下知している（一一月二日細川藤孝等連署奉書、『姫』八・一四五八）が、美作方面で浦上宗景は、毛利氏より美作国高田城を追われた三浦貞広を援助し、それゆえ尼子勝久の出雲侵攻に呼応したためか美作の諸牢人が蜂起した（山本浩樹『西国の戦国合戦』）。この頃宗景は、義昭政権に京都を追われた三好三人衆とも結んでいたようである。備前・美作方面の浦上氏や、出雲・但馬方面の尼子方勢力に対抗するために、毛利氏は義昭政権と結び、永禄一二年（一五六九）には織田信長は、木下（豊臣）秀吉らを但馬に、木下助右衛門尉《すけえもんのじょう》らを播磨に出陣させている（『益田家什書』八月一九日朝山日乗書状）。

元亀二年（一五七一）には三好三人衆が浦上宗景と結び、篠原長房が備前国児島に来襲した。毛利側の訴訟を受けて足利義昭は篠原追討の御内書を発し、織田信長は毛利元就・輝元父子へ全面的支援を約束した（『小早川文書』六月一二日足利義昭御内書、六月二〇日織田信長書状、『研究』上二八四）。義昭・信長はさらに対立する毛利・浦上間の調停に乗り出し、元亀三年一〇月、毛利・浦上・宇喜多の三者は和睦するに至った（『萩藩閥閲録』一〇月一一日義昭御内書、元亀三年一〇月二九日吉川元春・小早川隆景起請文）。義昭が京都を追われた後の天正元年（一五七三）一二月頃にも、前述のように織田・毛利の友好関係が続くなかで、浦上宗景も信長から備前・播磨・美作を宛《あ》て行《おこな》われており（『吉川家文書』一二月一二日安国寺恵瓊書状）、三者の和睦は存続していたと考えられる。

　ところが共に行動していた備前の浦上宗景と宇喜多直家が対立し、天正二年（一五七四）に至り宇喜多直家は浦上と断交する（『肥後原田文書』天正二年三月一三日宇喜多直家起請文）。その結果播磨の小寺、赤松、別所ら諸氏は浦上宗景と結び、織田方に従属を表明して支援を仰ぐに至った。一方毛利領内でも、先の毛利・浦上・宇喜多三者の講和に不満であった備中国松山城の三村氏などは次第に織田氏と関係を深めるようになった。

　天正三年に宇喜多直家は浦上宗景の天神山城を攻略する（九月一二日織田信長朱印状、九月一六日興了書状、『姫』八・一五〇〇、一五

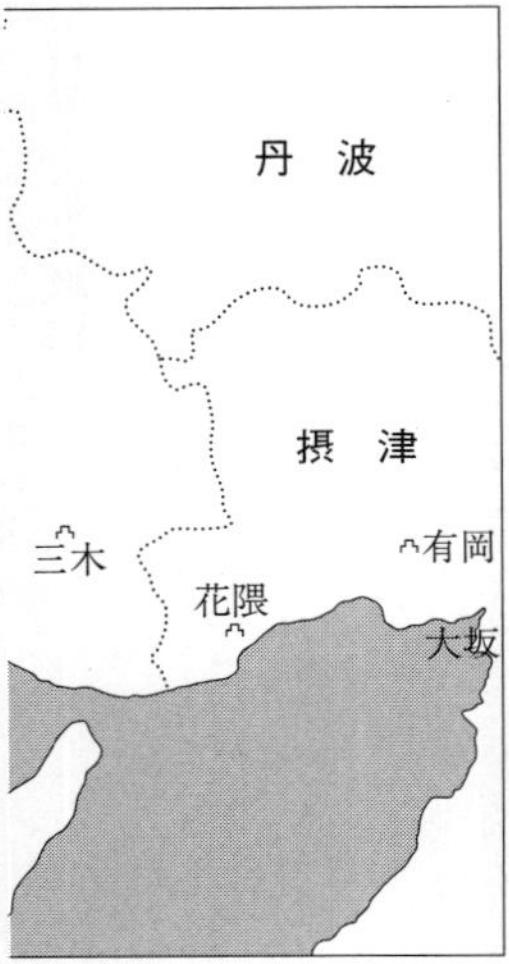

とに作成。

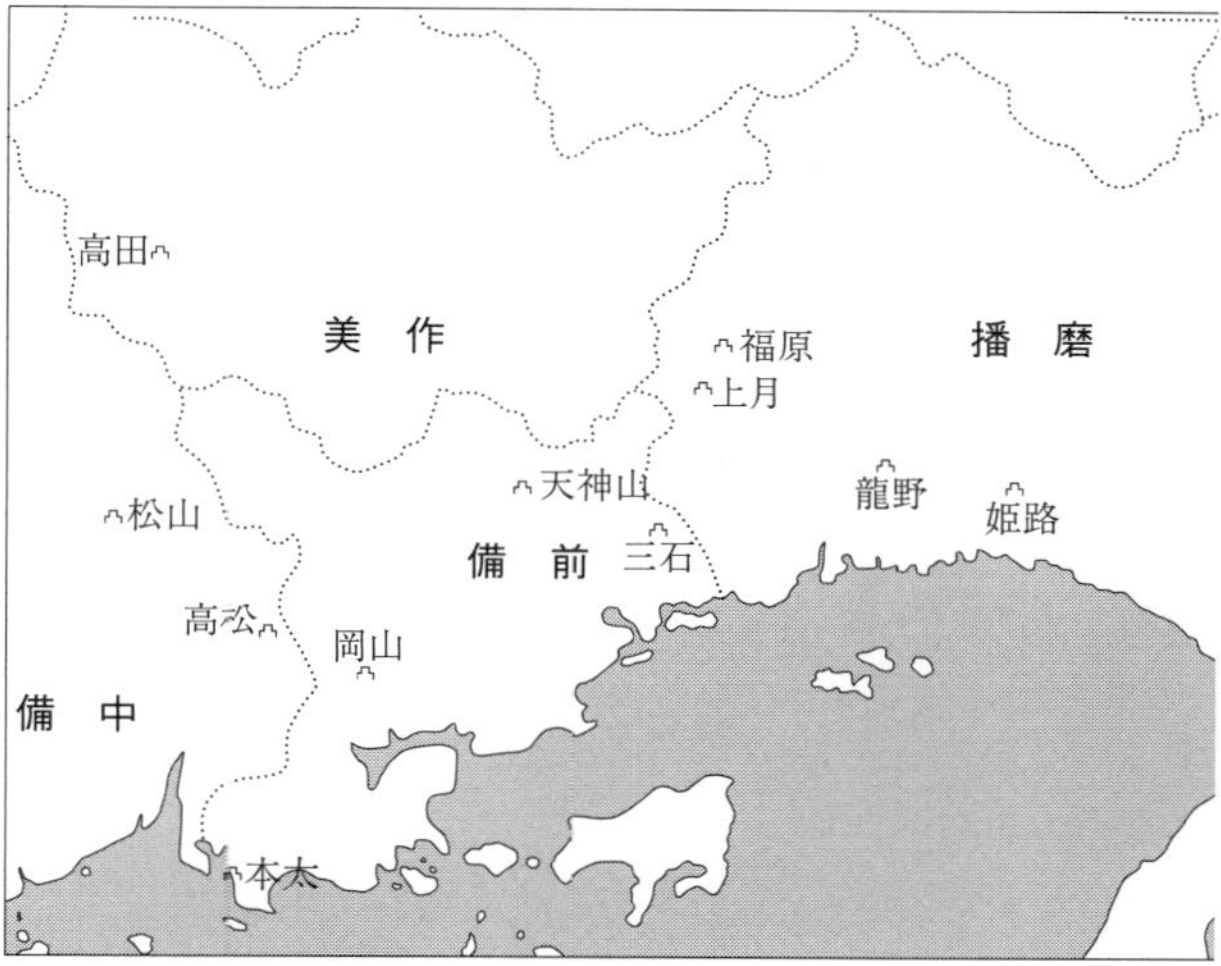

図4　織田・毛利戦関係地図
山本浩樹『西国の戦国合戦』吉川弘文館、2007年の掲載地図をも

〇二)。直家の攻勢に対して宗景は赤松始め小寺、別所らと共に織田信長に救援を求め京都へ挨拶に出向いた(一一月二四日八木豊信書状、『姫』八・一五〇四、『信長公記』巻八)。播磨・備前は宗景始め織田方につく勢力と、毛利と結ぶ宇喜多方に分裂したのである。織田・毛利の「境目」紛争が生じた。

こうして天正四年(一五七六)に始まった戦いは、先に第二章でみたように、足利義昭が毛利方の旗印となったため、越後の上杉謙信、甲斐・信濃の武田勝頼、関東の北条氏政が義昭・毛利方となり、さらに畿内では大坂本願寺が毛利方と結んで織田信長に対して蜂起するなど、広域にわたる勢力を巻き込んだ戦争となった。さらに信長勢力の一角を形成していた摂津の荒木村重が本願寺と結んで信長に叛旗を翻し、戦争は複雑な様相を呈した。

にもかかわらず、両者の戦いは依然として、「国郡境目相論《くにぐんさかいめそうろん》」の性格の色濃いものであったといえよう。先ほど第二章でみたように、天正五年一一月から行われた豊臣秀吉の播磨侵攻は、播磨国衆を織田方に組織するために、「人質を取り固める」ことを主としていたことを想起されたい。織田・毛利両大名の境目となった播磨国衆の動向が大きな鍵を握っていたからである。

またそこで述べたが、秀吉による籠城衆の皆殺し作戦は、毛利方にあった宇喜多直家に味方していた上月城、福原城に対するものであった。そこは備前・美作・播磨という織田・毛利勢力圏の境目付近にあり、秀吉が「敵方への見せしめのために」行った女性・子供の大量処刑も、まさにその国境付近で行われていた。境界での政治状況を動かすための情報操作の一環として強面の戦術がとられたとみることができよう。

一方一旦秀吉に奪取された上月城を今度は毛利方が大軍を率いて奪回したことも、こちらは毛利方の境目における情報操作とみることができる。後にみる対武田戦の場合もそうであるが、「国郡境目相論」は、大名が自らの領国を拡大していく以上に、味方となる国衆を組織する情報戦の側面が強いものといえよう。これら国衆たちは情勢によって境を接する大名双方のどちらにでも味方する存在である。その彼らを政治交渉や、政治状況の創出によってひきつけることが戦争の内実であり、戦闘はそのための情報操作の性格を強く帯びることになるのである。

†和睦を打診する織田信長

さて浦上宗景と宇喜多直家との対立に端を発した戦いの構図は、途中から変わってしまう。天正七年、宇喜多直家が豊臣秀吉の調略によって織田方に寝返ったのである（『信長公記』巻一二）。これが織田信長に大きなポイントとなったことは間違いない。ところがその翌年頃、織田方から毛利氏へ停戦し、和睦しないかとの打診が行われた。このことが知られる安国寺恵瓊の書状があり、少々長いが以下に現代語訳を一部引用しよう。

信長と宇喜多の間もまだしっくりとはいっていないらしく〈京都と宇喜多半ばも一円

半熟にては御座候〉、今のところは信長とわれわれとの関係の調整が肝要でしょう〈此節信長、此方の御調専一に候〉。（織田方から）三通りの筋を通じて打診がありました。私恵瓊の所にも丹羽長秀と武井夕庵の使者として東福寺僧と中山道安との二人が参りましたので、直ちに（毛利の）陣中に送り届けた所、一昨日か昨日、私（恵瓊）も来るようにと毛利輝元殿・小早川隆景殿が仰せられるので参り、去年以来大きな災難に遭って評判を失墜した以上〈去年以来大難に逢ひて外聞を失ひ候条〉……京都との和平はどうしても調えるべきであると申しました。先方から当方への言い分は、

一、輝元殿、隆景殿については、戦争の事のみのお考えのままで、然るべきであろう。

一、しかし吉川元春殿にはご子息も多いとのことなので、信長の娘を一人是非申受けたいと所望の使者を差し上げられたい。そうすれば丹羽長秀、武井夕庵がきっと信長に取りなすつもりであり、話がまとまればお互いのもめごと〈諸公事の儀、互ひに出入り〉はどのようにでもなる、とのことでした。これは願ってもない申入れです。足利義昭殿のことは信長も何も言いますまい。「西国の公方」と奉っておけばよいとのことです。どうしてこれほどにまで申してくるのであろうかと存ずるばかりです。

と、信長からの和睦の打診について述べている。さらに毛利家家臣の口羽《くちば》通良《みちよし》には、近衛信基《のぶもと》、勧修寺晴豊、庭田重保ら公家と松井友閑、村井貞勝から織田方の打診があり、これは「国切り」(領土協定)に関するものであった。また明智光秀からは朝山日乗の使者から接触があり、これも「国切り」に関することであったことを述べた後、

どれも、宇喜多は信頼できないから、当毛利家との和睦を実現したいとの意向と思われます〈何れも、宇喜多表裏の者にて候間、せめて此方を和談に調へられたきと相聞え候〉。第一日本で当毛利家と和睦すれば平和になるのですから、天下を握っておられる方にとって、上分別というものでしょう〈第一日本に当家一味に候へば、太平になり行く事に候条、天下持たれ候上にての分別には尤もに候〉。

と織田方の接触の内容とそれに対する恵瓊の考えを記している。

厳島神社の社家棚守房顕に宛てたこの書状(『巻子本厳島文書』五月一二日書状、『広島県史』古代中世史料編Ⅲ)を山本浩樹氏は天正八年に比定しておられる(「織田・毛利戦争の地域的展開と政治動向」)。宇喜多直家が寝返った後のものであることは明白であり妥当な見

解と思われる。ここから織田信長が家臣丹羽長秀・武井夕庵、また近衛信基ら公家や松井友閑、村井貞勝、さらに明智光秀、朝山日乗の三通りのルートを用いて、織田方は宇喜多と手を切る用意があるので和睦できないか、という打診をしてきたことが分る。

織田信長自身も毛利から寝返った宇喜多直家と結ぶのは本意ではなかったと思われる節がある。そもそも直家が寝返ったのは、先に第二章でみたように、先鋒隊であった豊臣秀吉の「外交交渉」によるものであり、秀吉が播磨から安土城へ出向き、宇喜多の赦免の段取りを拵えたので朱印状を下されたいと申し入れたところ、信長は、自分の意向も聞かず勝手に交渉するとはけしからんと播磨へ追い返したという(『信長公記』巻一二)。このように出先の武将が自分の一存で相手との和睦を交渉することはこの時代よくあることであった(丸島和洋『戦国大名の「外交」』)。結局信長も情勢をみて秀吉の判断に従い一〇月晦日になって宇喜多の使者を受け入れている(『信長公記』巻一二)。信長も専断で外交関係を決定することはできず、家中の武将に従ったことを窺わせて興味深いが、なお注目されるのは、秀吉の判断を受け入れた信長が、ほどなく毛利との和睦の道も打診していたことである。

†天下人の心得

最初に注目されるのは、織田信長が毛利氏を打倒して中国を制圧するという目的に専心するのではなく、場合によっては毛利氏と和睦して鉾を収めることも考慮していたことが分る点である。信長の中国侵攻は、いわゆる「天下統一」すなわち日本全国征服のための一環とみなすのがこれまでの通説であるが、信長は決して一本調子の「征服」のみしか眼中になかったわけではないことが窺える。先ほどから見て来たように、もともと友好関係にあった毛利氏と戦闘状態に入ったのは、足利義昭の動向に加えて浦上宗景と宇喜多直家との確執に促されてのことであった。

もしこの「境目」の紛争がなかったら、果して織田・毛利戦が起ったかどうか、歴史を考える際に「もし」という仮定は禁物ということになっているが、疑問を感じざるを得ない。もちろん共に大大名である両雄が激突するのは時間の問題、という見方もありうるかも知れないが、激突した後も、毛利氏との和睦の可能性をも想定していたというのであれば、信長も出来れば毛利氏との戦争を避けたかったとみるのが自然ではないか。

第二にさらに興味深いのは、両者が和睦するにあたって最も厄介な問題と思われる、毛利領内の将軍足利義昭の処遇が予想外に軽くみられていることである。「天下統一」をめざす織田信長は、将軍が毛利領内にいてもかまわないのか、という現代人なら誰しも考える疑問について、安国寺恵瓊は「足利義昭殿のことは信長も何も言いますまい。『西国の公方』として奉っておけばよいとのことです〈大方之儀（足利義昭を指す）等は、一円信長も申されまじく候、西国の公方にさせられ候て然るべきの由に候〉」と説明している。恐らくは丹羽長秀らの使者たちの言葉を引用していると思われる。

織田信長は、将軍が毛利に匿われていることを大して問題にはしないだろうとの、使者の言い分も恵瓊の観測も注目される。毛利氏が将軍を抱えていることは、大した問題ではないと、信長自身も周囲も共に認識していたことが窺えるからである。足利義昭が京都を出奔した時は逆に、信長が毛利との交渉で、将軍を京都に引き取ってもよいとの意志を表明していたこと（第一章）が思い出されよう。織田も毛利も、将軍を奉っておくこと自体は当然のことと認識していたといえよう。信長はもちろん毛利氏や周囲の人々も、当時としては将軍の存在は自明の前提だったのである。

第三に「第一日本で当毛利家と和睦すれば、平和になるのですから、天下を握っておられる方にとっては上分別というものでしょう」という織田信長の意図に対する安国寺恵瓊の評価がひときわ注目されよう。恵瓊の眼からみても、天下人信長にとって、毛利家との和睦を進めるのが理に適うやり方にみえたのである。恵瓊ら当時の人々の眼からは信長はまごうことなき天下人であり、そしてその天下人とは、諸国の大名との和睦により平和の実現をめざす存在と認識されていたといえよう。

†「惣無事令」の秩序

言い換えれば天下人は征服のみを事とする存在ではなく、諸国大名との共存をもとに平和〈太平〉を追求する存在でもあった。戦国大名の戦争を「国郡境目相論」と規定し、豊臣政権を、諸大名の征服を目指す存在ではなく、彼らに停戦を命じ「惣無事令《そうぶじれい》」を発する存在と捉えた藤木久志氏の見解が改めて注目されよう。「惣無事令」とは、藤木氏によると、豊臣秀吉が関白になって以降、諸国の大名に天皇の名において停戦を命じ、秀吉自身の裁定にしたがって領土紛争を解決することを宣言し、さらに裁定に従わない側の大名を秀吉の軍隊により制裁を加えるというものである。

天正一五年（一五八七）に豊臣秀吉が行った島津氏討伐を目的とした薩摩出兵、さらに天正一八年（一五九〇）の北条氏討伐を目的とした関東出兵が、こうした惣無事令違反を咎めた制裁ということになる。後者の関東出兵の場合、北条氏が滅亡したため、通説でもこれが秀吉の天下統一の達成であるとされている。しかし藤木氏によると北条氏滅亡は結果として起ったことであり、島津氏のように赦免された大名もいる以上、必ずしも有力大名を滅ぼすことが天下人の目的ではなかったという。前述のように織田信長が、一方で毛利氏との共存を考えていたことは、この観点からまことに興味深い。

近年は豊臣秀吉の停戦命令が、惣無事令というには、法令といえるほど調ったものではないこと、関白秀吉が関与しない場合にも、事実上の惣無事は行われることなどが指摘され、惣無事令の存在を疑問視するむきもある。確かに惣無事令という定型的な命令があるわけではない。また豊臣秀吉が関白に就任する以前から事実上の惣無事令が発せられていることは確かである。にもかかわらず第六章で述べるように、事実上の惣無事令は、室町将軍から関白豊臣秀吉に至る天下人が発する場合、とくに重みをもっていたことは注目されるし、彼らが、停戦による共存を命じていたことも見逃すことができないように思われる。

少なくとも織田・毛利戦に関する限り、「国郡境目相論」という規定ほど実態を的確に表現した言葉を筆者は知らない。そしてこのように考えた時に、藤木氏の見解は、天下人という存在の、少なくともある一面をものの見事に言い当てているように思われる。

2 織田・武田戦

†織田・武田「境目」の事情

次に織田・武田戦もまた同様に「国郡境目相論」としてみることができる。織田氏と武田氏もまた最初は友好関係にあった。武田信玄が織田信長と対立すべく遠江をめざし甲府を進発するのが元亀三年（一五七二）一〇月であり、その背景には朝倉・浅井・本願寺などとの同盟関係があった。さらにその武田信玄が、将軍足利義昭を味方につけるのが、第一章でみたように元亀四年正月頃である。それ以前は両者共にいちおうの友好関係を保ってきたのであるから、元亀三年一〇月の対立の原因が問題となるが、東美濃の岩村・苗木の国衆遠山氏の動向と、遠江国の徳川家康とが原因であったとされている。

まず東美濃の岩村遠山景前《かげさき》・景任《かげとう》父子は織田信秀の姉妹を妻に、苗木遠山直廉《なおかど》も信秀の娘を妻に迎えるなど織田家と姻戚関係を有していた。美濃を支配する強力な斎藤氏との対抗のためであり、遠山景前はさらに武田信玄にも従属するに至る。このため美濃の斎藤道三は婿の織田信長に援軍を要請して苗木へ出兵したが、まもなく斎藤道三の敗死により信玄と信長の間に和睦協定が成立したという。こうして遠山氏は武田氏にも織田氏にも両属する関係となった（丸島前掲書）。

その後織田信長の勢力が美濃に及ぶようになると織田勢と武田勢とが衝突する事態となったが、両者は同盟を結ぶに至り、武田勝頼に信長の養女が嫁ぐことになったが、この女性は遠山直廉の娘、信長にとっては姪に当り、後に龍勝寺殿とよばれた。この女性が媒介となったことは、この同盟が「境目」の遠山氏をめぐる織田・武田両者の関係を調停するものであったことを象徴している（同上）。

†破綻する友好関係

ところが元亀二年（一五七一）から三年にかけて遠山景任、遠山直廉が病死し後継者が途絶えた時、信長は遠山領へ軍勢を派遣し、岩村遠山氏の後継者として子息御坊丸を入部させた（一〇月一八日上杉謙信書状、『上越』別一・一一三〇）ため、これが遠山氏の反発を招き、遠山氏は信長に敵対した上、信玄に援軍要請を行い、信玄は美濃へ侵攻した（一一月一九日武田信玄書状、戦武一九八九）。こうして織田・武田の友好関係は破綻したのである（丸島前掲書）。

一方武田信玄にとっては織田氏と敵対するきっかけとなるもう一つの要素があった。遠江に進出し、駿河を領有する武田信玄と対立を深めていた徳川家康は、すでに永禄一二年（一五六九）に信玄と敵対する上杉謙信と接近を試みた。信玄は織田信長に家康への説諭を依頼したものの、元亀元年家康は信玄と絶交を宣言し、さらに謙信に対し、信長を説得して信玄との同盟を破棄させ、織田・武田の縁組を破談にすべく努力することを約束した（『上杉家文書』一〇月八日徳川家康起請文）。これを知った信玄は信長に家康の讒言を取り上げないよう求めた（正月二八日信玄書状、戦武一七七五）が、信長は依然家康との友好関係を維持した（平山優『長篠合戦と武田勝頼』）。

元亀三年の進発直後の信玄が「三年の間の鬱憤を晴らす機会〈三ヶ年の鬱憤を散ずべく候〉」（一〇月二一日書状、戦武一九七六）と述べているのは、信玄が、元亀元年以来、徳川家康が行ってきた反武田の行動への報復を考えていたことを示唆している。武田氏にとっては、美濃での織田との確執、及び遠江での徳川との確執という二正面での境目相論に対処する出兵であり、対抗して織田・徳川が連合したということになろう。こうして織田・

武田両者は戦争へと向かうのである。

†長篠の合戦

武田信玄の死去した天正元年（一五七三）四月後、後継者となった武田勝頼により織田・武田戦は継続し、有名な長篠合戦が戦われることになる。この舞台となった長篠城とは三河国の国衆長篠菅沼氏の支配領域の城であり、遠江・美濃・信濃と三河との境目にある。先ほど第二章でみたように、この地域は、田峯城を本拠とする田峯菅沼氏、作手《つくで》亀山城を本拠とする奥平氏、そして長篠城を本拠とする長篠菅沼氏（以下単に菅沼氏）の、山家三方衆が蟠踞し、この三者が連繋し、お互いに談合しつつ地域を支配していたのである。

それが元亀三年に武田信玄が遠江・三河地域に侵攻して以来、武田、徳川という両大名の勢力圏の境目に置かれることになると、例えば内部で日常的に起る所領をめぐる争いも、それまでのような談合で収拾することができなくなってきた。

一例をあげれば東三河の牛久保領（豊川市）をめぐる奥平定能と、田峯菅沼刑部丞の争いである。武田勝頼は、天正元年（一五七三）六月の、徳川家康の長篠城攻略の直前に、この両者に対して、「三方衆の中ではお互いの遺恨は後回しにして、団結しなくてはなら

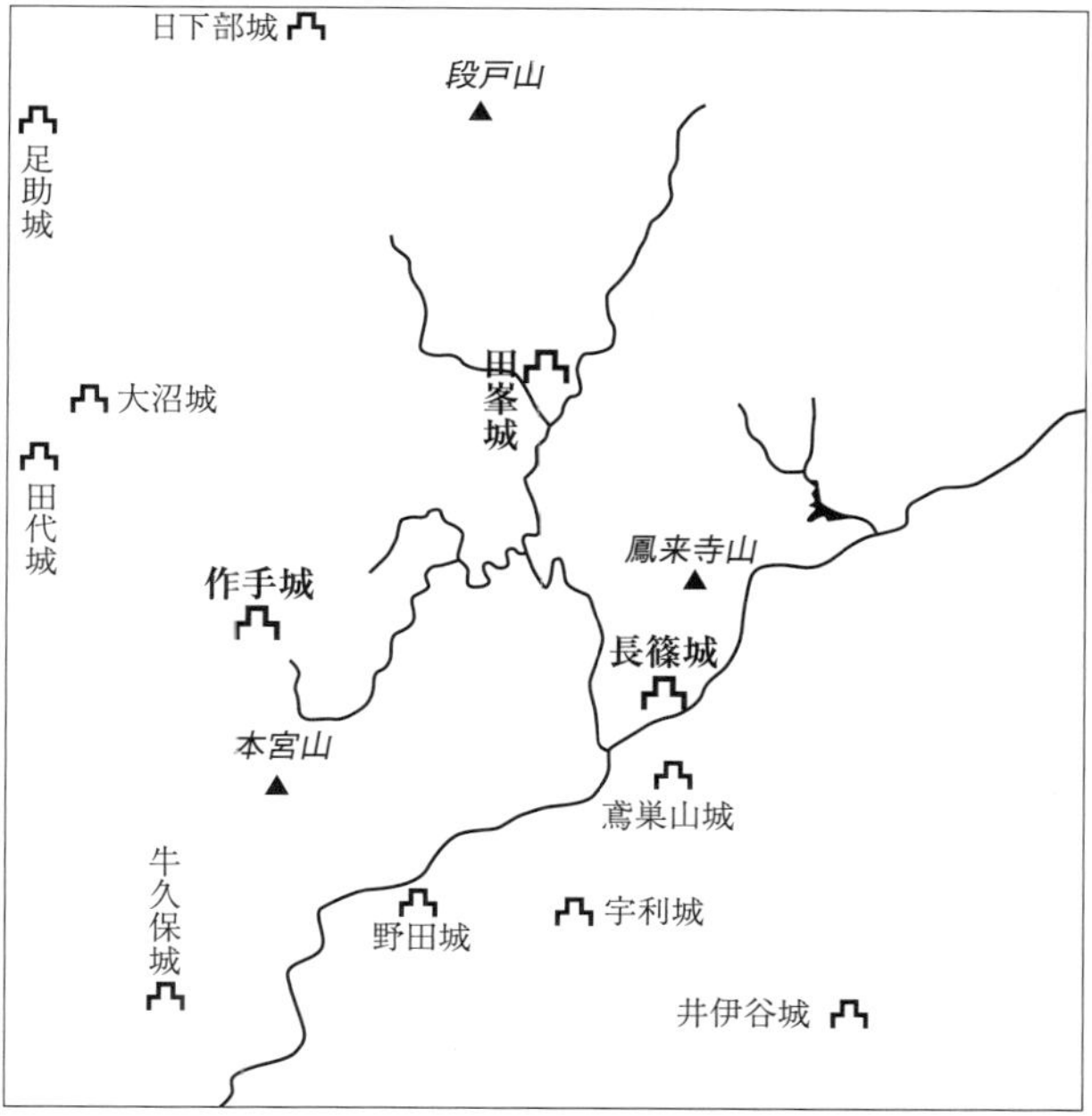

図5　長篠合戦関係図

武田氏研究会編『武田氏年表――信虎・信玄・勝頼』高志書院、2010年　主要遺跡分布図3：伊豆・駿河・遠江、をもとに作成

ないのだから、理非の結着に固執せずに談合して〈相互に遺恨を閣き、入魂なくして叶はざる儀に候間、是非を拋ち、三方談合候の上〉」解決するよう指示している（元亀四年六月晦日武田勝頼判物、戦武二一三一）。

†内部抗争から大名の戦争へ

しかし両者の結着はつかなかったどころか、第二章でみたように、天正元年九月の徳川家康による長篠城奪取の際に、奥平定能《さだよし》・信昌父子は、それまで武田方に属していたにもかかわらず、徳川方に奔ったのであった。このように戦国大名の境目では、地域内部の抗争が、常に境目をはさむ双方の大名の抗争へと発展する可能性が生じることになるのである。戦国大名同士の戦争が、藤木氏のいわれる「国郡境目相論」を特徴としているのは、このような事情によるところが多い。

そして長篠合戦の焦点となった長篠城においても菅沼氏一族の内部での争いが生じていた。やはり徳川家康の長篠城攻めの際には、菅沼伊豆守・新兵衛尉《しんひょうえのじょう》父子と伊豆守の嫡子で当主となっていた右近助との間で対立が生じ、当主右近助が、長篠城を攻める徳川家康と内通したことを、弟の新兵衛尉が戦後直後に武田方に訴え出て、兄の遺跡を父から相続することを武田勝頼から認められている（元亀四年一一月二三日武田勝頼判物、戦武二二一八）。長篠城の菅沼氏一族が、武田・徳川の双方へと分裂していった様子が判るのである（柴裕之「長篠合戦再考──その政治的背景と展開」）。

そしてこのような事態は菅沼氏のみではなかった。例えば先ほど徳川氏方に寝返ったことを述べた奥平氏もそうである。奥平定能・信昌父子は、徳川方に奔ったが、一族の総てがそうしたわけではなく、定能の父道紋《どうもん》（定勝）は武田方に属し、作手を拠点として徳川方の定能・信昌父子と長篠合戦まで抗争を続けた。また田峯菅沼氏では、武田方に属する当主菅沼刑部丞に従う一族と、菅沼氏一族でも菅沼定氏ら徳川方に属する一族とに分裂していたのである（柴前掲論文）。さらにそこに足利義昭・六角氏・本願寺などと武田勝頼が結んだため、この時代の政治情勢を規定する大きな対立軸である、義昭対信長という対立が絡んでくることになった。

ただしここで確認しておくべきは、「織田・徳川の連合軍」と先に述べたが、この合戦の主役はあくまで徳川家康であったことである。『信長公記』は徳川家康の手柄を激賞し、「信長公の御威光とはいうものの、家康公もまた大きな手柄を立てた。……遠江の三方ヶ原では武田信玄と対決して御合戦され、又武田四郎（勝頼）とも長篠で御合戦され、いずれも一方ならぬ手柄を立てられた」と述べている(巻一四)。家康を「家康公」と記すなど、内大臣となり、豊臣秀吉に次ぐ政界の重鎮となった慶長二年(一五九七)以降の状況が混入しており、賞賛の言葉にも慎重な吟味が必要であるが、信長の威光を第一にあげているところから、ここではやはり信長生存時の感覚を述べたものとみられる。そしてこの時代の感覚でいえば、現代とは違い、長篠合戦の主役は家康であった。

†「天下の面目」を失う

ただし武田勝頼は長篠の合戦により直ちに滅亡への道をひた走ったわけではない。敗戦とはいえ、駿河国と遠江国境地域にある武田領が揺らぐことはなかったからである。事実、翌年には、中国地方の毛利家に擁された足利義昭の呼びかけにより、武田勝頼、上杉謙信、北条氏政の三者が同盟に向う気運も生まれており、対織田方との関係で勝頼は、少なくとも孤立してはいなかった。だから勝頼の滅亡はむしろその後の政治状況がもたらしたと考えられる。天正六年(一五七八)に上杉謙信が急逝する。その直後に起った上杉家内の家督継承争いである御館の乱により、それまで同盟関係にあった北条氏が武田氏と断交し、織田・徳川と結んだことが、武田氏敗勢を招く政治状況の変化であったと考えられる。

上杉謙信の死去により上杉景勝と、北条氏から養子に入った上杉景虎とがその跡目を争い、上杉家中のみならず関係する大名も巻き込んだ対立が生じた。武田勝頼は当初、北条氏との同盟関係から景虎を支援したが、まもなく景勝とも結び和睦を結んだ。勝頼の真意は景虎から景勝に乗り換えるのではなく、景虎と景勝との和睦を斡旋し、ひいては北条氏政と景勝との同盟関係を実現するのが目的であったという（黒田基樹『戦国北条一族』）。しかし、景虎と景勝との和睦は実現せず、結果的には景虎を敗勢に追込むことになってしまい、天正七年三月に景虎は滅亡した。

御館の乱のこうしたなり行きに北条氏政は武田勝頼と断交し、両者は敵対関係に入る。勝頼は北条氏に対抗するために、北関東の佐竹・宇都宮・小山ら反北条勢力と結び、北信濃と越後の一部に勢力を伸ばした。一方これに危機感を覚えた北条氏政（二月二三日氏政書状、戦北二一四一）は、織田・徳川を頼り、織田信長に服属（『信長公記』巻一三）するに至った（平山優『天正壬午の乱―本能寺の変と東国戦国史―』）。こうして勝頼は、北関東方面で北条氏と、遠江・駿河方面で徳川家康と対峙することになった。

こうした情勢の中で、天正八年一〇月、武田・徳川領の境目にあり、武田方であった遠江高天神城を徳川家康は封鎖する（『家忠日記』一〇月二二日条）。そしてその徳川方から、籠城する武田方の軍勢が降参を打診してきたという報告を受けた織田信長は、武田勝頼が後巻（籠城軍と連繋し、籠城軍は正面から、支援部隊は後方から城の包囲軍を挟撃すること）に出陣できないのを見越して降参の申し出を拒否することを提案した（この点は後述）。このため、勝頼は味方の高天神城を救援できず、見殺しにする羽目に陥った。勝頼は信長の威勢を恐れて味方を見捨てたとされ「天下の面目」を失ったとの悪評を被ることになった（『信長公記』巻一四）。この代償は大きく、勝頼は致命的に不利な状況に陥ることになった。

†信長の意図

前述のように、徳川家康に対して高天神城の籠城衆から申し出てきた降参を、織田信長は受け入れないように提案している。一見すると武田方からの和睦の申し出を一切許さず、武田滅亡まで攻撃を緩めない覚悟でいたかのようにみえ、仮にそうであれば、武力侵攻により武田領国を奪取しようとする信長の意図を露骨に示したものにもみえてこよう。確かに信長は好機を捉えて勝頼を徹底的に叩くつもりであったことは窺われるものの、内実はもう少し複雑である。徳川家康の元家臣水野忠重に宛てた朱印状（正月二五日朱印状、『研究』下九一三）の一部を、少々長文になるがみてみよう。

……（先方の申し出は）降参・助命が叶うのであれば、先ほどは滝堺城を、今回は小山城を加えて高天神城と共に三ヶ所を渡すというつもりでの申し出と思われます。さて三つの城を受け取って遠州全体を平定した場合、外聞もよく実情も有利となるでしょうか。というのは小山を始めこれらの城を、今後こちらから攻めたとしても今の勝頼の力では後巻はできそうもないからこそ、これらの城を渡すと言っているに違いありません。だから家康殿の心労も軍勢の苦労も嘆かわしいことではありますが、この信長は一二年内に駿河・甲斐へ出陣するつもりなので、その時に難所を突破して長期の合戦をしなければならなくなれば（これに対する）世間の評判も口惜しいものです。要するに（今なら武田方から）後巻と称してあの境目に出撃しても撃退するのは苦もないことですし、そうなれば駿河・甲斐両国をなんなく獲得もできます。もし（勝頼が）後巻をせず、高天神と同じく小山も滝堺も見捨てたりすれば、その（見捨てた）報いで（勝頼は）駿河国境の諸城も確保していられるとは思えません。ただし（家康の）今後の心労や（軍勢の）今の苦労を考えると（私の意見が）よいかどうかは判断しかねますので、この意見を家康殿に伝え、（徳川の）ご家中の宿老の方々にも伝えて談合することが最善と考えます。

以上信長の考えのままを申しました。

この書状で注目すべきは、第一に降参を受け入れず戦闘を続行するのがよいという信長の意図は、あくまでの駿河国衆への政治的アピールを狙ったものであることである。降参を拒否すれば後巻のできない武田勝頼が評判を落とすだろうから、駿河国境の国衆の離反を引き起して武田側に壊滅的打撃を与えることができ、もし降参を受け入れれば、駿河国境の国衆の支持を回復した武田勝頼と改めて戦わなくてはならない、という情勢判断があったためである。そして第二に、方針の実行については、徳川家康の心労や軍勢の苦労を考えて実行を躊躇しており、最終的決定を徳川家中の合議に委ねていることである。

言い換えれば第一に、高天神城の包囲戦で、織田信長の狙っていたことは、武田の勢力圏にある国衆の離反であった。織田・武田の「境目」の国衆の動向こそが総てを決定するのであって、そのためには「勝頼が高天神城を救援もせずに見殺しにしたという状況を演出」(平山前掲書)し、彼らの武田勝頼への信頼を失わせ、「外聞」すなわち評判を落とす必要があったのである。「境目」の紛争の帰趨を決定する大事な要素の一つは評判であり、それに左右される味方との信頼関係である。戦争は敵を物理的に滅ぼす方法である以上に評判を創出する情報操作の手段であるといえよう。高天神城の敗北が単に遠江国内の拠点を失うのみでなく、命取りになりかねない「天下の面目」の失墜へとつながっていった、これが武田氏と徳川・織田氏との「国郡境目相論」の内実である。

第二に同盟者であれ、徳川家康の軍事的負担を思いやらなくてはならない。天下人織田信長といえども、同盟者家康家中の負担を思いやり、自分が最良とみた作戦も、相手に押し付けることは決してできなかったのであり、最終的には徳川家中に作戦の決定を委ねたのであった。この点は単に信長の特異な配慮によるものばかりとはいえず、当時の大名同士の関係がこうした、同盟者の軍事的負担を配慮し合うものであったことが予想される。それに武田との合戦といえば、織田・武田戦とは述べたものの、主役はあくまで家康であり、信長は、最終責任は家康に預ける同盟者の立場から行動していたのである。

†武田領国崩壊

武田勝頼が高天神城の敗北で致命的な打撃をうけたことの結果は、直ちに現れてくる。天正一〇年二月、信濃・美濃国境にいた木曾義昌が、武田方から寝返り、織田信長に服属した。これを契機として織田方は信濃に向い総攻撃をかけたのである。武田方も木曾謀叛

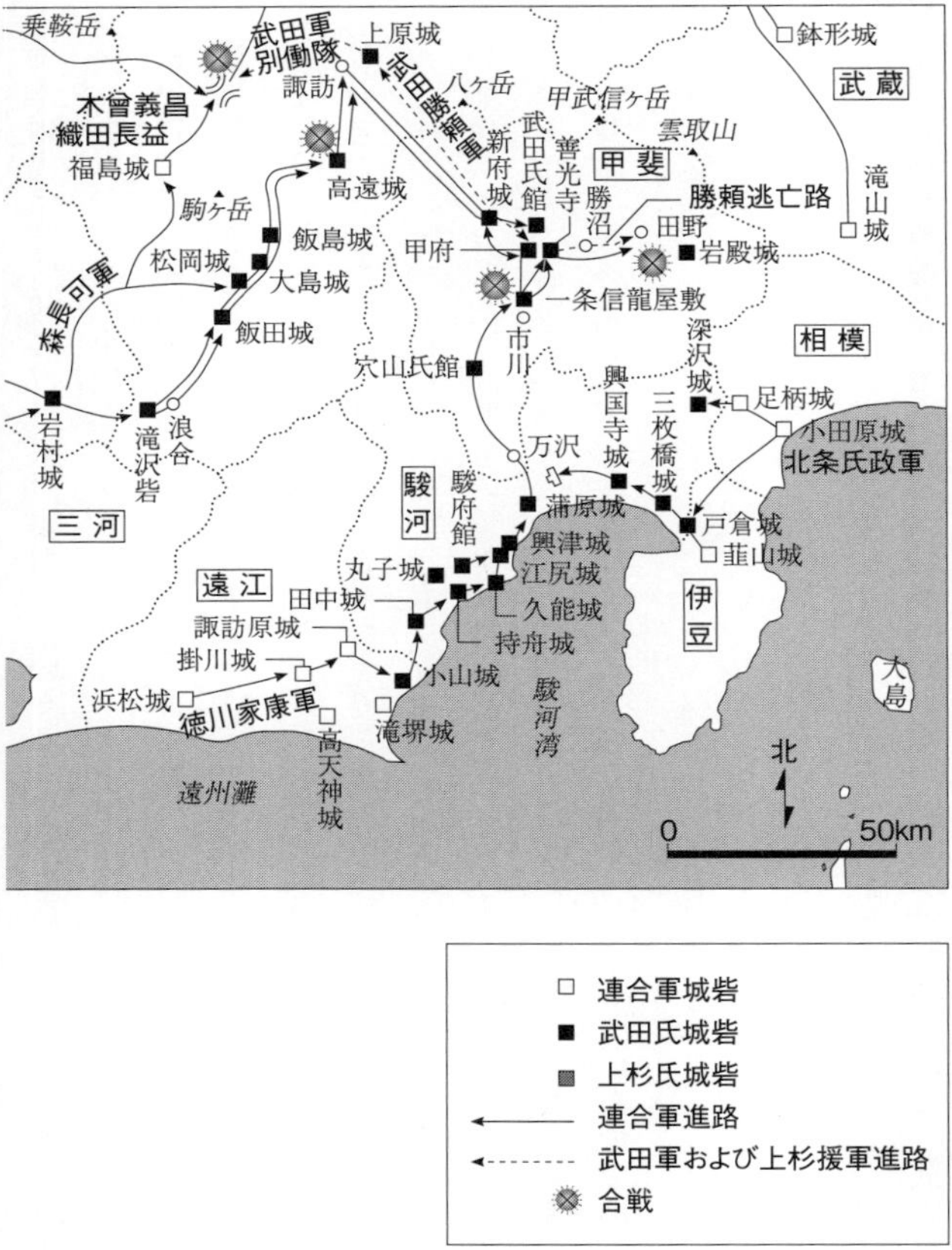
乗鞍岳
武田軍
別働隊
上原城
木曽義昌
織田長益
諏訪
武田勝頼軍
八ヶ岳
甲武信ヶ岳
雲取山
鉢形城
武蔵
福島城
高遠城
駒ヶ岳
新府城
武田氏館
善光寺
甲斐
勝沼
勝頼逃亡路
滝山城
田野
岩殿城
甲府
飯島城
松岡城
大島城
森長可軍
一条信龍屋敷
飯田城
市川
相模
深沢城
穴山氏館
岩村城
滝沢砦
浪合
興国寺城
三枚橋城
足柄城
小田原城
北条氏政軍
万沢
駿河
駿府館
蒲原城
戸倉城
韮山城
三河
興津城
丸子城
江尻城
遠江
田中城
久能城
伊豆
持舟城
諏訪原城
掛川城
小山城
大島
浜松城
徳川家康軍
駿河湾
滝堺城
高天神城
遠州灘
北
0
50km
連合軍城砦
武田氏城砦
上杉氏城砦
連合軍進路
武田軍および上杉援軍進路
合戦

の報に直ちに一万五千ほどの軍勢を諏訪に出陣させて防備を固めた（『信長公記』巻一五）。
こうして織田・武田両雄が信濃において雌雄を決する一大決戦が始まるはずであったのだが、勝頼が評判を落とし、政治的に劣勢に立っていたことを証すかのように信濃各地では武田方からの寝返りが相次ぎ、武田方は総崩れになっていった。

天皇や朝廷に対する工作の結果、武田攻めは「東夷追伐」（東国の夷の討伐）であるとの大義名分を得た織田方の軍勢（平山前掲書）は、織田信忠が木曾口・岩村口より、金森長

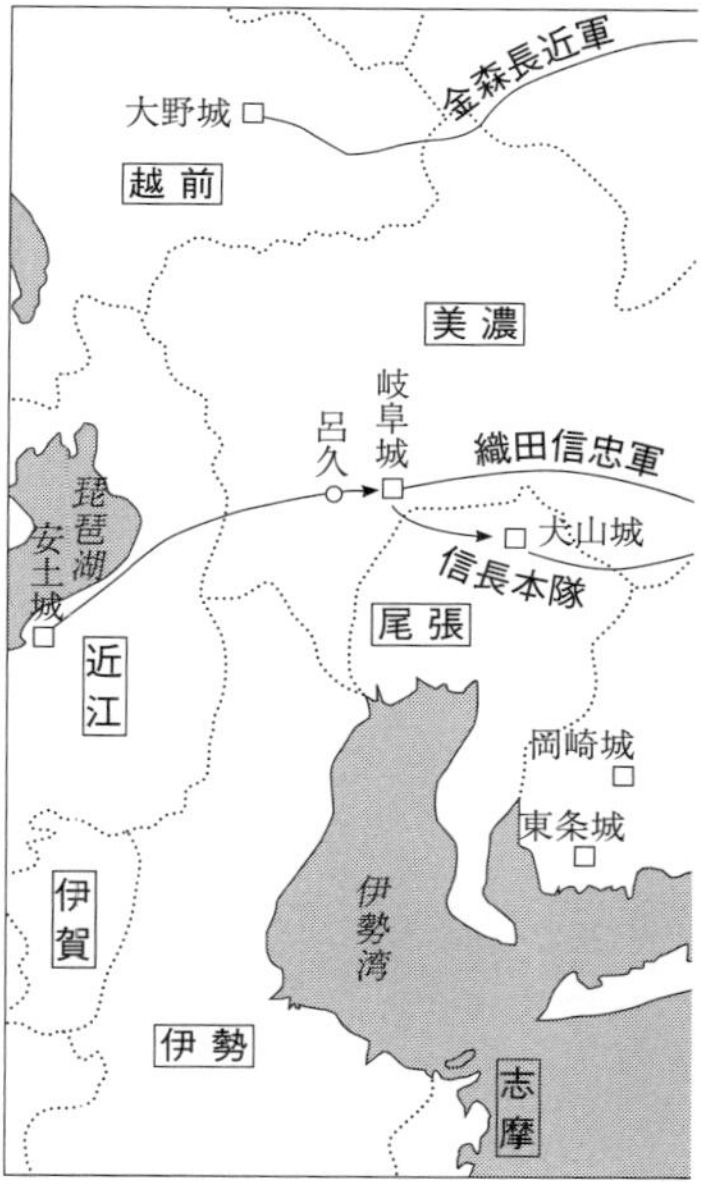

図6　武田氏滅亡関係図
平山優『天正壬午の乱――本能寺の変と東国戦国史』学研マーケティング、2011年、18〜19頁をもとに作成。

近が飛驒口より、そして徳川家康が駿河口より、北条氏政が関東口より武田領に向い総攻撃を開始した。伊那口の滝沢砦は交通の難所とされ、下条信氏が守っていたが、一族の家老下条氏長らが寝返り、岩村口から織田方の武将河尻秀隆を引入れたため、なんなく織田方に突破されてしまった（『信長公記』巻一五）。信忠軍が岩村に着陣したところ、松尾城主小笠原信嶺が内通してきて、妻籠口から侵入した団忠直・森長可の軍勢に呼応して、所々に放火したため、飯田城に籠城していた坂西《ばんざい》、保科《ほしな》らは城を捨てて逃亡してしまった（同上）。武田方内部の分裂により、織田方はなんなく信濃へ侵攻したのである。

織田軍の侵攻のありさまを『信長公記』は次のように述べている。「森長可・団忠直・小笠原信嶺らが先陣を命じられたが、その行く先々から百姓たちが皆、自分たちの家に放火し、馳せ参じてきた。なぜならば近年武田勝頼が従来にない不当な課役を命じ、新たな関所を設置して通行税を取っていたために、民・百姓の苦しみは尽きることがなかったからである。また重罪の犯人なのに賄賂を（勝頼に）進上したおかげで処罰を免れ、また大した罪咎でもない者らが処罰するという理由で磔にされたり死罪にされたりしたため、（領民は）歎き悲しみ、身分の上下に拘わらず（勝頼に）愛想を尽かしてしまい〈貴賤上下共に疎み果て〉、内心は信長の領国になってほしいと人々が願っていた時だから、これ幸いと上も下も従軍して忠節に励んだ」(同上)。

まさか領民が領主として武田勝頼よりも織田信長を望んだとは思えないが、武田方から寝返った武将らを始め、領民たちもまた武田を見捨て織田方に靡いた、という記述の大筋はそれなりに事実を反映していると思われる。この時代、領民たちは自分の利害のために領主を選び、領主たちは領民自身の利害に訴えて彼らを動員することは日本のあちこちでみられたからである。武田方から織田方へ寝返るという動きは、武士のみならず平民までもが共有していた世間の評判が創りだした政治状況だった可能性もある。高天神城で「天下の面目」を失ったことは重大であり、恐ろしい結果に帰着したといえよう。

織田軍が武田領国に侵攻し、それを織田分国に組み込んだことは確かである。しかしそれが実現する要因として、武田氏滅亡後に信濃国木曾谷を安堵され、安曇郡・筑摩郡を給与された木曾義昌の寝返りが、また雪崩を打つように織田軍に寝返っていった信濃国の武士たちの働きがかなりの部分を占めている。さらに一〇年以上、武田氏との「国郡境目相論」に専心してきた徳川家康の力が大きく作用していたし、御館の乱による武田・北条の断交、北条の織田服属という、上杉謙信の生前には予期できなかった偶然もあった。その上対武田戦の重要局面では、織田信長が家康を主役と立てて判断を預けていたことも考慮すべきであろう。「そのもてる権力と幸運とに合致するだけ、天下の主君である者はその他の国々を従えようとする」というルイス・フロイスの言葉（第三章）が思い出される。武田領国の奪取は、権力とともに幸運の産物でもあった。

織田信長には、少なくとも最初から武田領国を奪取して自らのものにしようとする意図があったわけではない。自身は家康の同盟者として行動していたのである。武田氏の滅亡と甲斐・信濃平定は、信長の当初からの意図というよりも武田勝頼の敗勢が生み出した政治的な情勢による面が大きい。日本全国に勢力拡大を意図する「信長の野望」という見方を一旦リセットして、信長の戦争を見ていく必要があると考えられる。

第五章
信長と宗教

血判阿弥陀像（愛知県浄顕寺蔵）
近世初期の近江国長浜門徒の結束を示す。

これまで織田信長の、永禄一一年（一五六八）の上洛以後、天正一〇年（一五八二）の本能寺の変に至る一連の行動を特に、従来盛んに言われてきた信長の「革新的」行動と、天下統一の「野望」とについてみてきた。信長は当時の社会では大きな権威と見なされてきた将軍や天皇・朝廷を、当時の多くの人々同様尊重していた。また日本全土を征服する野望をもっていたともいえない。「天下布武」は将軍の管轄する五畿内にその権威を再興することをめざしたものであり、中国侵攻や、武田氏との戦いは、「国郡境目相論」によるものであり、領国奪取の欲望からのものではなかった。

このようにいえば、しかし織田信長はヨーロッパから流入してきたキリスト教にいち早く理解を示したのではないか、当時の日本人が最高の宗教的権威としてきた比叡山延暦寺をためらうことなく焼討にしたではないか、という反論も予想されよう。日本人に馴染みのない新たな思想が理解でき、伝統の中で頽廃しつつあったとされる仏教を否定的に扱うことも「革新性」の証の一つであると考えられてきたからである。そこでここでは、信長が仏教を始めとする宗教にどのような態度をとっていたかを検証することにする。

1 一向一揆

†本願寺と本願寺門徒の蜂起

まずとりあげるべきは織田信長と、当時大坂にあった本願寺を本山とする、真宗本願寺教団との死闘とされる石山合戦であろう。本願寺は、鎌倉時代に親鸞が開いたとされる真宗（浄土真宗）の一本山である。親鸞の教えを伝える諸宗派のうち、親鸞の子孫が創立した本願寺は、もともとは真宗諸派の中でも弱小な一派にすぎなかったが、応仁の乱の頃から、第八代本願寺住持（本願寺法主とも呼ばれる）蓮如の活動により勢力を伸張した。特に加賀では本願寺門徒が守護富樫政親を滅ぼして本願寺門徒の一揆、すなわち一向一揆が加賀一国を支配するに至った。有名な加賀一向一揆である。さらに北陸諸国を始め畿内、東海地方にも多数の門徒が居り、彼らの崇敬を集める本山として、また門徒の武力を動員できる政治勢力として、戦国時代には大名にも匹敵する存在となった。

織田信長が足利義昭に供奉して京都に入った頃、本願寺は大坂にあり、寺院の境内には寺内町が形成されて繁栄を誇っており（この町の後に豊臣秀吉の城下町大坂が建設される）、畿内の諸大名とも友好関係をもつなど、侮れない政治勢力だった。当初本願寺は義昭・信長政権を歓迎する姿勢を取り、入京する直前の信長にも当時の本願寺法主顕如が「美濃・伊勢を平定されたことは比類のない御手柄です。いよいよ上洛されるのはまことにめでたいことです」（『顕如上人文案』永禄一〇年一一月七日条）と挨拶している。しかしその一方で入京した後、明智光秀から、京都から追われた三好三人衆と阿波門徒との関係を詰問されているから（同上、永禄一二年一一月二〇日条）、義昭方のみならず三人衆方にも人脈を有していたと思われる。

その本願寺が、元亀元年（一五七〇）九月に突如足利義昭・織田信長の軍勢に攻撃をしかけたのであった。この時、前に述べたように越前朝倉氏、近江浅井氏が信長と戦い始めただけでなく、三好三人衆が摂津に進出するという事態になったため、義昭・信長の軍勢は大坂付近の野田・福島に籠城する三好三人衆を討伐するために出陣していたのである。以来、本願寺は断続的に信長に戦いを挑み、諸国の門徒にも信長に対して蜂起するよう指示し、大坂を織田軍に囲まれながら籠城戦を続ける。そして天正八年（一五八〇）、遂に天皇の和睦勧告を受け入れる形で大坂を織田方に明け渡し、紀伊国鷺森に退去する。この一連の合戦が石山合戦とよばれているのである。

この戦いを信長の組織する武家勢力と、本願寺教団に結集した民衆との抗争であるとみる見方は今も根強い。鎌倉時代以来、真宗は民衆的性格が強い宗派とされ、また加賀一向一揆や、三河国では三河三ヶ寺（上宮寺・本証寺・勝鬘寺）を中心に本願寺派門徒が徳川家康と戦ったことから、反権力的要素の強いものと考えられてきたからである。従って一向一揆といえば、大名を始めとする武士階級とは相容れないものであり、織田信長と戦った石山合戦が特にその性格が顕著に表れたものとされてきた。民衆と権力との戦いであるが故に非妥協的な戦いであり、信長が民衆の一向一揆（本願寺門徒の一揆）を解体しなければ終わらなかったものと見なされてきたのである。

†非妥協的闘争か？

しかしこの見方がきわめて問題の多いものであることは明らかである。最初に織田信長と干戈を交わした元亀元年以来天正八年の大坂退去に至る間に、本願寺は少なくとも三度、信長に和睦を申し入れている。一度は、天正元年足利義昭が京都から追われ、同盟軍だった越前朝倉氏、近江浅井氏が滅びた時である。義昭は畿内から勢力を一掃され、姻戚関係を結ぶなど同盟関係にあった朝倉氏、天文年間から友好関係の確認される浅井氏を失って、手足をもがれたような形になった本願寺は、信長に和睦を申し入れ、信長はそれを認めている。二度目は天正三年、前年に伊勢国長島一向一揆が無差別殺戮にあって全滅したことに続き、越前一向一揆も壊滅し、同盟軍であった武田勝頼の救援も期待できない状態で本願寺は和睦を乞い、信長は「赦免」している。三度目が天正八年、先にみたように天皇の勅命を受諾するという形で、本願寺は大坂を退去し、その代償に信長は教団全体を赦し、存続を保障するという和睦が成立したのである。

言い換えれば織田信長は、自分に対して決起した本願寺と一向一揆に対し、三度にわたって、少なくともその存続を認める形で対処しているのである。本願寺とその教団を存続させるという点で信長は一貫している(拙著『一向一揆と石山合戦』)。石山合戦は一向一揆の基礎であった本願寺教団の解体ではなく、存続で終わったのであり、このことは近世に東西に分かれた両本願寺教団が、共に隆盛を誇ったことからも窺われよう。そればかりでなく、天正八年の和睦以降、織田政権と本願寺との両者は友好関係にあった。

大坂の寺地を明け渡し、紀伊国雑賀に退去した後、その年の九月の重陽の節句に本願寺は贈答品を贈り、信長は感謝の返信を認めている(九月八日黒印状、『研究』下八九六)。天正九年三月には、分国内の本願寺門徒が紀伊国雑賀の本願寺に参詣する際に、その交通の安全を保障しており（天正九年三月日朱印状、『研究』下九一七）、本願寺側もまた、門徒側に「信長公」の朱印状を伝えて雑賀への参詣を促している。

さらに天正一〇年二月、当時雑賀にあって、鈴木孫一と土橋若太夫との抗争に巻き込まれ、身の危険に曝された本願寺法主顕如を守るべく、織田信長は野々村三十郎を顕如警固のために派遣している（『日々記』天正一〇年二月六日条）。信長が本能寺の変で滅びた際には「不慮の出来事」にもかかわらず本願寺は安全であり、織田政権と相変わらず友好関係にあるので安心するようにと、加賀門徒に通達している（『石山一件消息案文』七月顕如消息案）。このような友好関係が、なぜ非妥協的な戦いを行った両者の間で可能なのか、全く説明のないままにこれまで漠然と、信長と一向一揆は不倶戴天の間柄だと想像されてきたのである。

とかく言われるのは、織田信長が伊勢国長島一向一揆を無差別に殺戮し、越前一向一揆に殲滅作戦をとったことであり、これが非妥協的戦いであることの決定的ともいうべき証拠であるとされてきた。しかし、戦国大名の間で皆殺し作戦は、決して多くはないがある場面ではみられる軍事的作戦である。一五世紀末に堀越公方を滅ぼし伊豆国を制圧したことで知られる北条早雲は、堀越公方方の深根城に籠る関戸吉信の軍勢を、女、子供に至るまで皆殺しにしたと伝えられ（『北条五代記』）、伊達政宗は、天正一三年、大内定綱の陸奥国小手森城に籠る軍勢を皆殺しにした。豊臣秀吉も、天正五年に上月城で、信長もまた、天正七年に荒木村重の在岡城で、同様の作戦を行っていることは第二章でみた通りである。逆に一向一揆に対して信長は常に伊勢長島や越前のような殺戮を行うとは限らない。指導者のみを処断し、一般の民衆には容赦しようとした事実もみられる（前掲拙著）。そもそも石山合戦を非妥協的抗争とみることが無理なのである。

†政治対立による石山合戦

それではなぜ石山合戦が起ったのか。足利義昭・織田信長によって京都を追われた三好三人衆と本願寺が結んだからである。三好三人衆は第一章で述べた通り、将軍足利義輝を暗殺して以来、阿波公方足利義栄の擁立を試み、天下を掌握していた。その三好三人衆に味方した大名らが、義昭政権に対し次々と蜂起する。越前朝倉、近江浅井、近江六角などがそれであるが、もともと本願寺は三好三人衆と親しい関係にあり、前述のように義昭政権から三好三人衆との関係を非難されていたほどである。義昭・信長らの軍勢が三好三人衆討伐のために、本願寺のすぐ近くの、野田・福島に出陣した折に蜂起したのである。

既に九月二日には織田信長の本願寺攻撃に対して決起せよ、との檄文が本願寺法主顕如から諸国の門徒に発せられていたと考えられ、六日には畿内にもその噂の立っていたことが奈良興福寺大乗院の門跡尋憲の日記に記されている。一方一〇日に本願寺は近江浅井氏との同盟関係を確認している。そして本願寺が蜂起したのは九月一二日、本願寺が前もって蜂起を企画していたことが分る。顕如は、織田信長が本願寺に無理難題をふっかけ、本願寺を破却すると通告してきたと檄文に書いているが、これは他の事実と矛盾している。

足利義昭は一揆蜂起を止めるよう本願寺に命じてほしいと、烏丸光康《からすまみつやす》を派遣して朝廷に要請している(『御湯殿の上の日記』元亀元年九月一八日条)。停戦を働きかけたのは義昭と信長の方だから、信長側から本願寺に破却を通告したという顕如の言い分とは矛盾している。『細川両家記』は本願寺の蜂起に「信長方は仰天した」と記しているし、山科言継《やましなときつぐ》は「大坂謀叛の一揆」と本願寺の蜂起を評しており(『言継卿記』九月一三日条)、信長側から戦いをしかけたとする史料はみあたらない。そもそも宣戦布告をしたはずの相手の至近距離まで出陣してきているのに、そこで不意打ちをくらうほど無防備であるとは、戦略家の信長らしくないであろう。本願寺の一揆動員は、信長への抵抗ではなく、仕掛けた戦争である。

その後も本願寺は朝倉、浅井と結び、元亀三年には織田信長と対立した武田信玄と結んで織田信長と対立を続けた。さらに足利義昭と信長との対立が顕在化した天正元年（一五七三）には近江湖西門徒の首領である一族の慈敬寺に命じて、義昭方として蜂起させている。義昭が信長と戦って京都を追われた時、上杉謙信が「大坂本願寺や加賀一向一揆は、越前の朝倉はもちろん公方様のおかげで力を得ていたのだから〈越前は申すに及ばず、上意を力に申し候間〉、公方様がこのようになった今、まもなく大坂本願寺は難儀になるだろう」（『歴代古案』七月二九日書状）と述べているのが注目される。本願寺・一向一揆の力の源泉は義昭や朝倉義景だというのが上杉謙信の認識であり、本願寺の基盤の一つは、将軍や諸大名との同盟関係にあったのである。

先ほどみたように、将軍を失い、朝倉、浅井の滅亡に直面した本願寺は織田信長と和睦する。ところが天正二年（一五七四）正月から越前一向一揆が蜂起し、本願寺も信長に対し蜂起した。足利義昭はその蜂起に呼応するよう側近に指示している（帝国学士院蔵『手鑑』四月一五日足利義昭御内書）。この蜂起はこの年の伊勢国長島一向一揆の無差別殺戮と、翌年の越前一向一揆殲滅とで幕切れを迎え、本願寺は信長から赦免される。この蜂起が義昭との関係や武田勝頼との関係にあったことは、義昭が御内書を発したことや、本願寺が、遠江国高天神城を攻略中の武田勝頼と、連絡を取り合っていたことからも窺える。

天正四年、またもや本願寺は、今度は毛利氏に擁立された足利義昭に呼応して、織田信長に対し蜂起する。最終的に信長は天皇を動かし、本願寺に和平の勅命が発せられるに至り、大坂を退去した。要するに一〇年にわたる石山合戦の後半を規定したのは、総て義昭の動向であるといえよう。天正八年の和睦の際、本願寺法主顕如の嫡子教如が、一旦織田方と取り交わした和睦の約束を破棄して、諸国の門徒に檄を飛ばし、信長への徹底抗戦を訴える、という一幕もあったが、その際教如にエールを送る御内書を発し、毛利氏に教如支援を命じたのも義昭である。そして信長は、一旦和睦を破った教如が降参を申出ると、これを受け入れ、大坂から撤退することを許したのであった。

石山合戦は、その経緯からみても、足利義昭や諸大名と本願寺教団との関係から起ったものということができる。

†室町幕府体制と本願寺

なぜ本願寺は将軍や諸大名の抗争に関わりをもつのであろうか。端的にいえば本願寺自身が将軍を頂点とする幕府体制にその一員として属していたからである。幕府には本願寺担当の奉行が存在し、天文年間（一六世紀中葉）には飯尾貞運《さだかず》、飯尾尭連《たかつら》、飯尾盛就《もりなり》などの名が知られる。彼らは将軍の意向・命令を本願寺へ伝え、本願寺から将軍への伺い事や上申を取次ぐ等、将軍と本願寺との間を仲介する重要な役割を果していた。

本願寺は、一向一揆が加賀国を支配しているという実情に基づいて、加賀の大名同然にみなされていた。幕府が内裏の修理料など、諸国の負担する租税を加賀国に賦課する場合には、その命令は本願寺に伝えられたし、幕府が加賀住民の相論を裁定した時には、他の国では守護大名が行っているような裁定の執行が、加賀では本願寺に命じられ、幕府による加賀住民の処罰も、本願寺が執行することを要求されたのである。加賀に荘園をもつ公家や寺社は、滞りなく年貢を納入するよう、現地住民に命じることを本願寺に依頼した。本願寺は加賀一向一揆の首領として、実質的な加賀の大名だった。第二章でみたように足利義昭が、加賀一向一揆を指揮する本願寺家臣七里三河頼周に、越後との和睦を勧告し、織田信長との戦いに忠勤を励むよう命じていることは、こうした文脈からみて当然のことといえよう。

だから本願寺は幕府体制の一員として、諸国の大名と常に交渉を保っていたのである。

当時、幕府の日明貿易を実質的に任されていた、周防の大名大内氏は貿易品として必要な瑪瑙の調達を本願寺に依頼し、本願寺は瑪瑙を大内氏に贈っている。こうした友好関係は単に幕府体制内での問題にとどまらなかった。本願寺の方からは、大内氏家臣で豊前にいる杉氏に、所領内の本願寺門徒の活動を、好意的に扱うよう依頼し進物を贈っている。杉氏の領内にいる本願寺門徒が、領内の門徒を杉氏が優遇するよう、本願寺に口添えを頼んだためであった。門徒が信仰を続けていくために領国大名の好意も必要だったのである。

†大名との友好関係

真宗といえば、一向一揆のイメージから、領国の支配者と対立する要素が強いものであり、支配者とは無縁なところで信仰されている、という印象がもたれがちである。しかしこうした印象が一面的なものであることは、例えば毛利氏領内に「安芸門徒」の名で知られるような、有名な本願寺門徒勢力が存在したことからも窺える。安芸門徒が、織田信長との戦いに臨む毛利氏の軍勢に従軍し、織田軍の包囲下で籠城する本願寺へも馳せ参じたことはよく知られている。本願寺門徒の行動を支配者層との対立という側面からのみ考えることは一面的といえよう。

諸大名の領国に散在していた本願寺門徒たちは、むしろ領国大名との良好な関係を求めており、それに必要な外交的な役割を本願寺に依頼していた。だから本願寺は、こうした門徒の要請に応えて、諸大名に、領内の本願寺門徒をよしなに計らうよう依頼していたのである。こうして播磨赤松氏、近江浅井氏、和泉細川氏らとの交流関係が天文年間に確認される。本願寺にとっては諸大名との友好関係が、諸国に散在する門徒集団を維持するという、すぐれて宗教的な目的から必要であった。

このような大名との交流関係はトップの本願寺のみに限らない。洲崎・河合という二人の加賀一向一揆の指導者は、天文年間に、本願寺に対する謀叛に加担したとの咎で本願寺から処罰をうけた。その際彼らは本願寺との間を取りなしてもらうために、幕府傘下の様々な人々に取りなしを依頼している。山門比叡山延暦寺、摂関家の二条家、出雲の大名尼子氏等がそれである。さらに幕府の有力者であった細川晴元の配下にいる木沢長政や、将軍足利義晴のところにさえ立ち回りかねなかったので、本願寺は木沢、そして将軍自身に、彼らの訴えに耳を貸さないよう予め依頼しているほどである。加賀一向一揆は、少なくともその指導者に関する限り、幕府体制を構成する階層に属していたのである。

本願寺教団において、各地の「百姓」(平民)身分の門徒が大きな割合を占めていたことはいうまでもないが、彼らはその信仰を全うするために、本山と大名との友好関係が必要であった。だから本願寺は幕府傘下の諸大名と友好関係を維持しなければならなかったのである。本願寺が将軍や諸大名との連繫の中で石山合戦を行ったことの背景は、こうして形成された関係による部分が大きいといえよう。

織田信長が斃れた本能寺の変の後、織田政権内で実権争いが起り、有力な家臣であった豊臣秀吉と柴田勝家とが戦い、天正一一年の賤ヶ岳合戦で豊臣秀吉が実権を握ると、本願寺は越前の丹羽長秀、能登の前田利家、越中の佐々成政らの大名に、それぞれの地の門徒の要請を受けて挨拶し、進物を贈っている（『宇野主水日記』天正一一年九月条）が、これも室町幕府時代からの行動と同じものであるとみてよいだろう。信長と一向一揆との戦いは、幕府体制以来の本願寺と将軍・諸大名との関係から考えるほうが理に適っている。

2 比叡山・法華宗

†比叡山焼討の実情

以上の本願寺教団との関係を考えれば、織田信長と宗教や信仰との関係を対立的に捉えようとする従来の見方には疑問が少なくない。信長といえば在来の宗教、特に仏教に非常に厳しい態度をとったと考えられてきたが、一向一揆との関係を見る限り、それは成り立たない。本願寺の存続を許して和睦した後の、本願寺との友好関係は説明がつかないからである。一向一揆の他に信長の反仏教的な姿勢の主な根拠とされてきたものは、元亀二年（一五七一）に行われた比叡山焼討と、法華宗への弾圧とされる天正七年（一五七九）の安土宗論であり、以下この二つについて考えてみたい。まず比叡山焼討である。

比叡山は中世を通じて天台宗の本山として大きな勢力を誇ってきたとされ、その焼討は、織田信長による中世的権威の否定であるとみられることが多い。もっとも信長の時代にも比叡山延暦寺が大きな宗教的権威であったかどうかには異論があり、焼討の前年に比叡山に参詣した興福寺多聞院の英俊が、堂も坊舎も全く寂れていることを慨嘆しており（『多聞院日記』元亀元年三月一九日条）、実態は衰微していたことも指摘されているが、大きくみて依然人々の尊崇を集めていたとみてさしつかえないだろう。

しかし織田信長は、比叡山が中世の宗教的権威であるという理由で焼討したのではない。また、比叡山の権威を認めていれば、仮に理由が他にあっても焼討までは躊躇したはずだとの見方もありうるかも知れないが、宗教的権威を認めるのとその不法な行動を咎めることとは元来別の話である。信長より百年ほど以前、将軍足利義教は比叡山山徒の行動に制裁を加える軍勢を派遣し、既に比叡山を焼討しているが、それは傘下の寺社に対する将軍の当然の制裁権を行使したものであった。もしこれが宗教的権威を無視したことになるのであれば、義教は信長よりさらに革新的人物と評価されなくてはならない。焼討のみで信長の宗教的態度を判断することはできないだろう。

†報復と失格宣告

なぜ比叡山焼討を決行したのかについて、直接語っているのは『信長公記』のみである。そこに記された理由は、簡単にいえば、本来合戦に介入すべきではない僧侶の分際を弁えず、朝倉氏や浅井氏に味方して織田信長に武力で反抗したからだ、ということである。これによれば焼討の前年元亀元年に、信長は比叡山に、朝倉・浅井との戦いにおいて「信長に味方すれば分国中の山門領をもとの通り返還しよう。また出家として一方の贔屓はできないというなら中立を守ってほしい、どちらをも背くなら根本中堂《こんぽんちゅうどう》以下を焼き払う」と申し渡したが、比叡山衆徒は回答を回避し朝倉・浅井方についたという(巻三)。

だから翌年約束通りの焼討を敢行したという(同巻四)。さらに「仏道修行や出家の作法を背いて、天下の嘲りにも恥じず、天道の恐ろしさも顧慮せず、淫乱な行いと肉食など破戒を行い、賄賂を行って朝倉・浅井に味方した」ため、織田信長は「遺恨を晴らすために〈その御憤りを散ぜらるべきため〉」に行ったという(同上)。報復であるとの言明と共に、比叡山は僧侶の道を踏み外した、いわば出家失格であるとの論理が注目される。こうした論理は長島一向一揆の殲滅作戦の折にも記され、『信長公記』の特徴的な論理といえるが、これは仏教を否定したものといえないことは確かであろう。仏教者に値しないから制裁を加えたとの言い分は、逆に真摯な仏教者たることを要求しているともいえるからである。いずれにしろ、信長の焼討は仏教否定から生じたものではないのである。

†仕組まれた宗論の意図

宗論《しゅうろん》とは教義上の論争、あるいは教義上の対立から生じた宗教集団同士の争いを、当事者同士によって勝負を決するために、あるいは守護大名など俗的支配者の法廷で裁定するために行われる論争を指す。中世には普通に行われたものであり、特に法華宗の開祖日蓮が「法華択一」(法華経一つのみを選ぶ)「是一非諸《ぜいつひしょ》」(正しいものは一つで残りは誤り)を標榜し、他宗派を論破し、後の法華宗も、この宗論に訴えて教線の拡大をはかったことはよく知られている。法華宗以外にも、日蓮から「念仏無間」と弾劾された浄土系諸宗なども、これを行うことしばしばであった。後に見るイエズス会の宣教師も、この宗論を利用して、改宗事業の推進を図ったことがその報告書から知られている。

織田信長の城下町、近江国安土で法話をしていた、関東の浄土宗僧霊誉玉念に、二名の法華宗信徒が不審を申しかけた。玉念は信徒と議論はしないが、お前の師匠の僧となら議論しようと言ったため、法華宗側から京都の法華宗寺院の僧侶が、浄土宗側からは玉念らが出て、天正七年(一五七九)五月、安土の浄厳院で宗論を行うことになった。これを安土宗論といっている。この宗論の判定者として招聘された何人かの僧侶のうち因果居士という僧侶がおり、安土宗論の記録を残しているが、そこで信長から浄土宗の味方をするよう指示されたことを記し、事実、その線で宗論を誘導したことを記しているので、信長が、法華宗側が負けるように仕組んでいたことが判っている。

織田信長がこのように仕組まれた宗論を行ったことについては、京都住民に深く入り込み、その自治で知られる京都町衆とも関係の深い法華宗が、支配の上でとかく障害になったからと説明されることが多いが、この見解には難点が多い。なぜならば宗論が始まる前に信長は法華宗僧侶らに対し、「もし宗論をやりたければ、負けた場合には京都及び信長分国中の法華宗寺院を破却されても構わないと連判状を出した上で臨むがよい、しかしそれは余りに酷い条件だと思うなら、宗論を止めてこのまま帰るがよい」との条件を提示して、浄土宗との和解を斡旋しているからである。もし信長が法華宗の弾圧を意図したとすれば、自ら弾圧の機会をみすみす逃そうとしていることになろう。

このような、仕組まれた宗論を行った意図を考えるために、織田信長がどのような裁定を行ったかに注目してみたい。この宗論に法華宗側の当事者として参加した、法華宗僧日淵が『安土問答実録』という記録を残しており、これによって法華宗側からみた宗論の実情を知ることができる。宗論が法華宗側の敗北に決し、いわば思い通りの結果を得た信長は「敗北した上は潔く死を覚悟するか、今後（法華宗の）宗旨を変えるかどうか、明確に回答せよ〈とてもかう成る上は、一筋に思ひ切るものか、宗旨を変へるか、一途に返事を云はれよ〉」と宣告したという。法華宗側の頂妙寺日珖《にっこう》が「宗旨を変えることは中々できないことですし、また死の覚悟も辛いことですので、どこでも隠居する等仰せ付け下さい」と述べたところ、二通の文書に署名することを求められたという。

法華宗僧の中では署名するか否かをめぐり議論した結果、結局署名に応じたという。現在知られている法華宗側の連署した文書は、三ヶ条の起請文と、織田信長の奉行宛に提出した、頂妙寺日珖他三名の詫び証文である。その大筋は両方ともに、宗論に法華宗が敗北したことを認め、にもかかわらず法華宗の存続を許されたことを感謝し、今後他宗派に宗論を仕掛けないことを約束した内容である。すなわち信長が法華宗に求めたものは、実質的に今後他宗派に対して宗論を仕掛けないということの一点である。

†宗論の抑制

宗論を禁じるという織田信長の意図は、別段目新しいものではない。既に一六世紀前半に、戦国大名今川氏が定めた分国法『今川仮名目録』には、分国中で宗論を行うことを禁止した一項がみられる。また『今川仮名目録』の影響が強いとされている甲斐武田氏の分国法『甲州法度之次第』では分国中では浄土宗と法華宗（〈日蓮党〉）との宗論を禁止する、これを企てる者は僧侶も檀家も処罰する、とある。宗論を十八番《おはこ》にしていたとみなされがちな法華宗自身でさえ、天正三年に作成された京都一五ヶ寺連判の契約状で、みだりに宗論に訴えることを規制している。江戸時代になれば幕府の法令で「自讃毀他《じさんきた》」（自らの宗旨を自慢し他宗派を批判すること）を、仏教の衰微や相論の原因として禁止するようになる。

なぜ宗論が抑制され、禁止されていくようになるのだろうか。宗論が教義上の論争という以上に、対立する宗教集団同士の決闘ともいうべき性格を有していたことが大きいと思われる。多くの場合宗論には判定者がおり、その前で主張を戦わせるという形式からは、裁定者に訴訟してその裁定を仰ぐ過程と見なされがちである。しかし宗論ではこれには止まらず、敗者と判定された側が、勝者側から着ている袈裟をはぎ取られるという実力行使が公然と行われていた。安土宗論においても、浄土宗の側、法華宗の側のどちらも、自分の方が勝ったと思った局面で相手から袈裟をはぎ取ろうとしており、結局法華宗の僧侶たちが、浄土宗側のみならず聴衆からも袈裟をはぎ取られたのである。

要するに敗者は衆目の中で暴力的な辱めを受けなければならなかった。決闘の性格をもつと述べたのはこの点であり、この点からみれば、中世に特有の自力救済の行為であった。自力救済とは、他者との争い事において、相手から受けた被害に実力で報復することであり、受けた被害の分だけ相手を攻撃する、やられたらやり返すという作法である。中世には公家、武士から庶民に至るまで一般的であった。ところが戦国大名の支配が一般的になると、この自力救済が抑制・禁止されていく。

†自力否定の時代へ

戦国大名領国では、武士たちは、お互いの紛争を自力で解決することはできなくなりつつあった。双方に犠牲者が出るような紛争への対処に替えて、戦国大名の法廷に訴え出ることが奨励され、その手続きをしないで自力の解決を図った場合には、有無をいわさず処罰されることになったのである。例えば先ほどの『今川仮名目録』をみてみよう。「喧嘩(実力行使)を行う者は、その理由如何にかかわらず両方共死罪にする。(喧嘩になって)相手が攻撃を仕掛けてきた場合に、こちらから応戦を我慢し、却って負傷するような場合、喧嘩になった事情からみて非がある側でも、喧嘩を避けたことにより勝訴とする」とある。通常「喧嘩両成敗」とよばれる法意をもつ法令である。

実力行使それ自体が日常的な場で禁止されるようになり、如何に正当な理由があっても禁止されるようになる。そのために「侮辱されても、おめおめと我慢するような臆病者が、果して戦闘の役に立つのか、男を立てようとする勇敢な武士が、喧嘩両成敗で御成敗にあうとは不都合ではないか」と喧嘩両成敗法に抗議した武士の話も伝わっているくらい、中世の武士にとっては急激な変化であった。『今昔物語』に登場する武士のような、「親の敵を討つことは天道も許していることではないか」と主張するような態度が通りにくい時代がやって来たのである。

宗論も、先ほどみたように、決闘という要素をもつが故に、同様に禁止されていくことは、先の『今川仮名目録』『甲州法度之次第』に見る通りである。織田信長の意図もこうした時代の流れの中で考えることができよう。信長は何といっても戦国時代人であったことを想起する必要がある。自己主張をするために、直ちに決闘に訴えようとするような方法は論外で、何よりも自力救済を我慢し、訴訟に訴えることが正しいとされる時代に生きていたのである。言い換えれば信長は法治国家が登場する時代の人物であった。

織田信長が安土宗論後に、嫡子織田信忠に対し「あのろくでなし〈かの徒者〉」（〈天正七年〉書状、『研究』下八三一）と法華宗を罵っているように、悪感情をもっていたことは知られている。また先ほどみた日淵の『安土問答実録』には、その悪感情の原因が、宗論や議論によって他宗派を批判し、宗論に訴えようとする法華宗のやり方にあることが、かなり具体的に記されている。これによると、安土宗論が法華宗に対する敗北宣告で終り、聴衆の暴行に曝されたあげく、負傷して捕えられていた法華宗僧らの前に現われた信長は、役人らに、法華宗僧らを抑えていた手を放させると、次のように言ったという。

「お前たちがこのようになったのは、法華宗をよく言う者が一人もいないからだ。この信長はよく判らないから、人々がよく言えばよいものだと思うし、悪いといえば悪いものと思うだけである。お前たちの宗旨を褒めるものは一人もいない。なぜ法華宗を悪く言うかといえば、お前たちは他人を攻撃するからである。自分で自分の宗旨だけを弘めていれば、誰も悪くは言わないはずなのに、他人の宗旨を攻撃するから人々が悪く言うのである。なぜお前たちが、他人のことを攻撃するかといえば、欲が深いから他宗を悪く言うのであろう」と。織田信長が、法華宗徒が他者を攻撃することを嫌っていたことが窺えよう。

†他宗派攻撃は不可

このようにみてくると、法華宗への弾圧を企図したのは明らかであっても、それは先にみた通り、法華宗の教義上の主張を否定したり、その教団の勢力を削ぐことを意図していたというよりも、宗論を行わないという言質を取りたかったからではないかと思われるのである。織田信長の時代には、自力救済の否定以外にも、宗旨の争いをよしとしない風潮が強くなっていた。例えば狂言の「宗論」では、旅の途中で一緒になった浄土宗僧と法華宗僧との教義的対立が揶揄されている。この二人は、お互いに相手の教義を非難しているうちに、議論が混線してしまい、間違って相手方の言葉を口走ったりするほど混乱した結果、「弥陀も法華も隔てはあらじ」とお互いに仲直りするという結末を迎えるのである。

この狂言の最後に二人が唱和する「昔在霊山名法華、今在西方名阿弥陀」(昔は釈迦のいる霊山にあって法華と呼ばれたものが、今は西方浄土で阿弥陀と呼ばれる)との偈は、謡曲「道明寺」「朝長」にも登場する。一六世紀に著された法華経の一般向け解説書である『法華経直談鈔』も弥陀と法華は同一としている。浄土宗と法華宗とは、それぞれに分れて正当性を争うようなものではなく、本来同じものとする考え方がこの時代に広まっていたことが窺えよう。諸宗を信じることは人それぞれの自由であるが、どの信仰も優劣はなく、本質的に同一という考え方は、織田信長の時代の日本では主流になりつつあり(拙著『宗教で読む戦国時代』)、信長もまたその時代思潮に生きていたと考えられよう。

3　キリスト教との関係

†信長は無神論者か？

織田信長が、当時の日本人には、外来宗教として馴染みのなかったキリスト教に、いち早く理解を示し、宣教師が提示した地球は丸いという事実にも理解を示したことは大変よく知られている。そしてこうしたことが、信長を革新的人物とみなす見解の一つの論拠となっているのである。ところが、信長のキリスト教への対処がどのようなものであったかに関して、日本側の史料は僅かしか残っていない。因みに信長の一代記として知られる『信長公記』には、イエズス会宣教師が「伴天連」として何ヶ所かに登場する。まず天正六年（一五七八）に、毛利との対戦中に摂津国荒木村重が信長を裏切って寝返った際、荒木と行動を共にする高山右近を味方につけるために、宣教師を利用したという記述である。

そこでは、高山右近が織田信長に味方するよう、宣教師らに説得するよう指示し、「（もしこの命令を受け入れるなら）どこで宗旨を説いても構わないが、拒否した場合は宗門を断絶させる〈伴天連家何方に建立候共苦しからず。もし御請け申さず候はゞ宗門を御断絶なさるべき〉」との趣旨を伝えたと記している（巻一二）。それ以外は、城下町の安土に屋敷地を与えたこと（巻一三、巻一四）、宣教師が進物として黒人を献上したこと（巻一四）、鷹狩の帰途に、建設中のイエズス会の屋敷へ立ち寄ったこと（巻一四）などが記されている。一見して分るように、ここにもイエズス会やキリシタンはほとんど登場しないのである。高山右近の説得に利用した際のことを記した『信長公記』の筆致からみれば、特に仏教諸派以上に、イエズス会を優遇したことを窺うことはできない。

従って織田信長が、イエズス会やキリシタンを優遇したことを、具体的に伝えている史料の殆んどが、イエズス会宣教師の報告書や記録ということになる。もちろんこれらは布教の当事者であったイエズス会宣教師が記したものである以上、その報告書や記録は、一般的にいって貴重で信憑性の高いものとみることができる。しかし一方、これらが布教という目的に沿うために、一定の価値観や世界観に当てはめて、事実を記していることも考慮しなくてはならないだろう。

例えばイエズス会宣教師として日本布教に携わり、後に『日本史』という布教の記録を書いたことで知られるルイス・フロイスは、織田信長の宗教観を次のように記している。

よき理解力と明晰な判断力を具え、神、仏、及びあらゆる類の偶像、そして総ての異教の占いを軽蔑している。名目上、法華宗徒であるように見せているが、宇宙の創造主も霊魂の不滅も死後の事柄もないことを公言している。（一五六九年六月一日書翰、CEV I f.257v.『十六・七世紀イエズス会日本報告集』Ⅲ三、二九二頁、一部改変）

一方、後年に彼が記録をもとに執筆したとされる『日本史』は次のように記している。

彼はよき理解力と明晰な判断力を具え、神および仏のいっさいの礼拝、尊崇、ならびにあらゆる異教的卜占や迷信的習慣を軽蔑していた。当初名目上は法華宗に属しているように見せていたが、顕位に就いて後は自惚れ、自分を総ての偶像より上位に置き、**若干の点で禅宗の考えに同意して、**霊魂の不滅も来世の賞罰もないとしていた。（『日本史』第一部第八三章、フロイス『日本史』四・第三二章、一部改変、ゴチックは引用者）

両者を比べてみると注目されるのは、「霊魂の不滅も来世の賞罰もない」という信長の考え方が、一方では神仏の権威を否定したもののように書かれており、他方では禅宗という、日本の武士たちにはなじみ深い仏教の宗派に由来する観念とされている、という違いがあることである。信長は宗教一般に否定的だからこう考えたのか、禅宗の考え方に立つからこう考えていたのか、どちらが宣教師のみた信長像なのであろうか。

†文字の彼方の信長像

ルイス・フロイスによる前者の記述は、イエズス会宣教師の報告書を編集した『日本通信』のものである。これはイエズス会の手により、一五九八年にポルトガルのエヴォラで出版されたもので、イエズス会宣教師が布教活動の現場日本から、イエズス会本部に書き送った書翰を収録したものである。原題は「イエズス会の司祭らと修道士らが日本とシナの諸王国から一五四九年から一五八〇年までにインドとヨーロッパの同じイエズス会の司祭らと修道士らに書き送った手紙」という長たらしいものであり、通常は『日本通信』と略称、または手紙を指すポルトガル語を用いて「カルタス」と呼ばれている。

日本では村上直次郎により翻訳され、『耶蘇会士日本通信』(ないし『イエズス会士日本通信』)の書名で知られてきた。近年松田毅一監訳により、『十六・七世紀イエズス会日本報告集』の書名でも刊行され、日本語で読むことができる。

これに対して後者の『日本史』の記述は、後年になってルイス・フロイスが編纂した書物の草稿である。フロイスがイエズス会の上司より、日本布教の記録を作成するよう指示をうけたために執筆されたものであるが、出版には至らず、その草稿のみが残されたまま長いこと所在が分らなくなっていた。一九世紀末に草稿の一部が発見されて以来、復元の努力が研究者たちの手で重ねられた結果、読むことができるようになったものである。これは松田毅一・川崎桃太両氏の翻訳により日本語で読むことができる。

史料批判の定石からみれば、同じ編纂物とはいえ、報告書をそのまま収録した『日本通信』の方がより信憑性が高いと判断するのが普通である。しかし近年五野井隆史氏が指摘されたように、『日本通信』はイエズス会に都合の悪い記述は削除したり、改竄したりされており（『日本キリシタン史の研究』）、決して生の報告書がそのまま収録されているわけではない。したがって『日本通信』の方が『日本史』より、一概に信憑性が高いというわけにはいかないのである。

†改竄の可能性も

ローマのイエズス会文書館には、宣教師たちの報告書の原本もしくは写本がJap.Sin.史料（日本・シナ関係史料）として伝えられ、これが最も信頼に足る史料といえる。この中にフロイスの報告書も相当数残されており、フロイス報告書の原型を知ることができる。Jap.Sin.史料中のフロイス報告書の中には、『日本通信』にも収録され、かつ『日本史』の記述にも用いられているものがある。こうした報告書について、『日本通信』と『日本史』それぞれの記述を比較してみると、Jap.Sin.史料中の報告書と『日本史』との文言が一致するのに、『日本通信』の記述には前二者にある文言が削除されている箇所もあることが判る。つまり原報告書が、『日本通信』に収録された場合には改竄され、『日本史』に利用された時には、そのまま引用されている場合があるのである。

だから『日本史』の「若干の点で禅宗の考えに同意して」という部分についても、後にフロイスにより付け加えられた可能性と共に、もとの報告書にあったものが『日本通信』収録の際削除された可能性も考えられる。むしろイエズス会による改竄がなされなかった『日本史』の方が、もとの報告書に近い場合も考えられよう。

そもそも「霊魂の不滅も来世の賞罰もない」とは、キリスト教にとって、あるべからざる異教的世界観であるはずである。しかもそれが、禅宗に由来するものと宣教師がみていたことは、例えばフロイスの他の報告書で禅宗を「良心の呵責、来世の罰への恐れ、酬いへの期待を消滅」させた宗派と記していることからも窺える。そうなると先にみた『日本通信』の記述は、織田信長が禅宗に理解を示した、というイエズス会に都合の悪い部分を削除した可能性も否定できない。いずれにしろこの記述は、信長が日本の異教を軽蔑するキリスト教シンパであることを強調しているのか、キリスト教と無縁でむしろ禅宗に近い、異教的来世観の持ち主であることを記しているのか、俄かには判断しがたいのである。

†キリスト教への好意の理由

以上の点から分ることは、織田信長がキリスト教に好意を示したという記述は、当事者が自分のことを記したものとして、多少の誇張はあるにしろ信頼に足るとしても、だから日本の神仏やその信仰を否定していたとはいえないということである。確かにフロイスは「神および仏のいっさいの礼拝、尊崇、ならびにあらゆる異教的卜占や迷信的習慣を軽蔑していた」と記すけれども、信長が仏教寺院に対して、保護を約束した禁制を発給し、寄附をしたり、保護を加えたりした事例は決して少なくない。神仏を否定していたとの部分は、必ずしも、日本側の史料でも裏づけられるものではないのである。

先に安土宗論のところでみたように、織田信長は、自ら信じる以外の教義や宗派を排撃することを否定的に考えており、また自ら信じる教義や信仰以外の特定の宗派を攻撃することは、この時代決して是とされるものではなかった。だから信長が、総ての信仰を優劣のないものとみる立場から、キリスト教も優遇したという可能性も高いのではないか。とすればキリスト教に好意を示したからといって、仏教には否定的であったと推論することはできない。むしろイエズス会側が、キリスト教以外を総て撲滅すべき異教とみる、排他的な考え方に立っていたが故に、キリスト教に好意を示した信長を、直ちに仏教・神道への敵対者と即断したに過ぎないのかも知れない。

織田信長の時代の日本では、世界を動かしている超自然的な摂理として「天道」が存在するという観念が、特に武士層に広まっていた（前掲拙著）。信長もまた例外ではなく、子息織田信雄に対して、戦さで不覚をとったことを咎めて、「天道」の然らしむる罰であると叱責している（九月二二日書状案、『研究』下八四三）。そしてイエズス会が一七世紀初頭に編纂した、日本語辞書『日葡辞書』の中には、この「天道」の語で、イエズス会がキリスト教の神デウスを表現したこともあった、と記されている。当時の日本人にとってデウスの観念は、ある意味で理解しやすいものであったともいえよう。その意味では、教義の内容だけを聞いた信長が理解を示したことは何ら異とするに足りない。

高瀬弘一郎氏は、当時キリシタンの本拠地であった九州は、織田信長の勢力圏外であり、畿内のキリシタンは「取るに足りない」弱小な勢力であったために、信長にとっては「ただ何となくその好奇心を充たし、自尊心を満足させ、しかも在来の仏教各派と異なって危険性が少ない―その当時は―、といった程度」であったと述べておられる(『キリシタンの世紀―ザビエル渡日から「鎖国」まで―』)。信長自身の残した史料を含め、日本側の史料でキリスト教にふれたものがほとんどない点からみても、信長にとってイエズス会やキリシタンが特に顧慮すべき大きな存在であったとみることは躊躇される。

第六章

「革命児」信長の真実

織田信長画像(安土町浄厳院蔵)

これまで五章にわたって織田信長について考えてきた。信長は将軍、天皇や朝廷を、ひとことでいえば自明の権威として尊重している。「天下布武」を宣言したものの、その内容は全国制覇を宣言したものとはいえないどころか、将軍・幕府を否定したものとさえいえない。毛利や武田との抗争も、全国平定の一環とみることはできない。そして宗教については特に在来の宗教的権威を否定することはないし、新たに到来したキリスト教に特別の好意をもったとはいえない。簡単にいえばこれまで信長について言われてきた「革新性」と全国制覇の「野望」は疑わしいと言わざるを得ないのである。

そこで、一体織田信長は何をめざそうとしていたのか、が改めて問われることになる。これを明快に提示することは今のところ困難と言わざるを得ない。というのは、これまでの見方にある「革新性」や全国制覇の「野望」など大きな傾向は、個々の事例を吟味していけば疑わしいことは明らかであるものの、かといって信長の一貫した目的はすぐにみえてくるほどには明らかではないからである。そこでまずは引き続き細部をみて行きたい。信長の行動を通覧し、これまで余り注目されていない点を拾いながら、信長の、いわば知られなかった傾向をいくつか提示してみたい。

1　共存と平和の模索

†諸大名との合議

織田信長が発した、諸大名に対する書状などをみていると、当然のことかもしれないながら、極めて丁重で親しい態度が目立っている。例えば第三章でみたように、元亀元年（一五七〇）に毛利元就に送った朱印状では、「畿内やその他の様子をお聞きになりたいとのことなので、実態を詳しく書きました。また申します」と記し、対等な大名同士の友好関係に満ちた言葉が記されている。もちろん姉川合戦についての戦功を喧伝するものであるから、自らの威勢を誇っていることは間違いなく、自慢話に満ち満ちているともいえるが、少なくとも毛利側を脅かし、従属を強いるような態度は全くみられない。ひとことでいえば、戦国大名らが相互にやりとりする書状と、書きぶりは同じであるといってよい。

同じところで紹介した天正元年（一五七三）八月の上杉謙信宛のものも同じである。ここでは足利義昭、武田信玄、本願寺という共通の敵をもっている以上当然ともいえるが、こ同盟者の謙信へのエールが送られている。これから永く友好関係を保ちたいという意図は窺えても、自らが上杉謙信より上位にあるという認識も、いずれ上位に立とうとする野望も微塵も感じられない。こうした態度は、諸大名に共通の、自らの野望を押し隠した戦術とみることももちろん可能ではある。しかしこうした見方は、織田、武田、上杉ら諸大名がいずれも最終的には我こそが天下を取る、という野望のもとに行動しているという前提に立って初めて可能であるが、ここではその野望の存在自体がそもそも問題なのである。

同じく上杉謙信に宛てたその前年元亀三年（一五七二）の手紙では、足利義昭の命をうけて、宿敵武田信玄と和睦するように促している。「貴殿（上杉謙信）とは永く友好関係をもって来たし、武田信玄とも親しく交際してきました。……しかしここ数年御二方が戦っておられるのに、見て見ぬふりをすることは外聞においても実際問題としてもよろしくないので、あえて率直に申します。公方様（足利義昭）の（停戦の）御勧告をないがしろにすることはできません。ここで鉾を収められなければ、（争いは）余りに際限ないものになります。どうか総てをなげうって和睦されれば大変結構なことと存じます」（七月二十七日書状、『研究』上三三一）と述べている。お互いの友好関係を手がかりに停戦を図る信長の姿をみることができよう。

こうしてみると、最終的には我こそ天下人、という野望を前提とするこれまでの見方を変えて織田信長がめざしたものを改めて考える必要があるだろう。そこで足利義昭が京都を出奔した直後の天正元年七月に信長が毛利輝元に送った書状（七月一三日書状案、『研究』上三七七）をみてみたい。

（公方様は）毛利家にもおられないとのことを（輝元より）承りました。きっと遠国に落ちられたのでしょうか。誠に嘆かわしいことです。突然に（公方様が）京都を引き払われ、武田信玄は病死し、朝倉義景は大した働きができず、□□（原文虫食い）は物の数ではないので公方様が何か戦争を起されることもないでしょう。このように「天下」を棄ててしまわれたので、この信長が上洛してまず取り鎮めました。将軍家の事は、総ての事について、広く（大名たちの間で）評議を行い、（信長は）それに従います〈将軍家の事、諸事議定を遂げ、それに随ふべく候〉。（この困難な時に）相変わらず（輝元だ）友好関係を保って下さるのはありがたいことです〈相易らず御入魂珍重に候〉。ですから（毛利家の）御分国が無事であることが肝要です。……。

ここでは織田信長が、足利義昭出奔後の将軍家の先行きを、各地の大名たちに相談し、その意向に従って決めたいとの決意が表明されている。第三章でみたように一六世紀後半の時代には将軍家を中心とする秩序が「天下」と呼ばれたことを想起すれば、信長は諸大名たちに相談して、天下のありようを決めたいと述べているのである。

†天下の秩序

織田信長が諸大名との共存をめざし、合議のもとに天下のありようをきめると宣言していることは、従来の信長像に照らせば、はなはだしく違和感のあるものかも知れない。しかしここで想起したいのは、第四章でみた通り、このような天下人の姿が、当時の人々にはさして違和感のあるものではなかったことである。毛利家の外交に活躍した安国寺恵瓊もまた、天下人信長にとって毛利家という大きな大名家との和睦が、太平の秩序のためには望ましいはずだと考えていた。とすれば、ここでは先ず現代人の先入観をリセットして当時の人々の言い分に耳を傾ける必要があるだろう。

天下のために諸大名との共存をめざしたのは、何も織田信長が初めてではない。一六世紀後半の将軍は、大名同士の抗争に対してしばしば、天下の名をもって停戦を勧告していた。永禄二年（一五五九）に抗争する毛利、尼子の両者に停戦を勧告した足利義輝の事例が宮本義己氏、山田康弘氏により明らかにされている（宮本「足利将軍義輝の芸・雲和平調停」・山田「戦国期将軍の大名間和平調停」）。足利義昭も入京して将軍になる前から停戦・和平勧告を行っており、永禄九年には、第一章で述べたように織田・斎藤両大名に和睦を命じ、同じ年に越前朝倉氏と加賀を支配する本願寺の両者に和睦を命じている（『顕如上人文案』永禄九年一〇月二〇日条）。また翌一〇年には上杉謙信・武田信玄・北条氏政の三者に和睦を命じている（『上杉家文書』二月二四日足利義昭御内書等）。

五畿内を平定して京都に入り、将軍に就任した後も足利義昭は、諸大名への和睦勧告を行っている。永禄一二年正月には安芸国毛利元就と豊後国大友宗麟とに和睦を命じ（『吉川家文書』正月一三日御内書、『大友氏記録』同月同日御内書）、これに対しては織田信長も義昭の命を受けて勧告している（一〇月二六日梶原越前守ら連署書状、『研究』補二一、二月二八日書状、『研究』上二七四、同月同日書状、同上二七五）。また武田信玄と上杉謙信に対しても和睦を命じ、信長も義昭の命により自分からも和睦を勧告していることは先にみた通りである。また元亀三年八月には武田信玄を通じて信長と本願寺両者への和睦を命じている（『本願寺文書』八月一三日武田信玄書状）。「天下」と称される将軍の役割の一つが和睦勧告にあったことが窺えよう。

将軍足利義昭が京都から追われ、天下を「まず取り鎮めた」織田信長もまた、天下人として義昭の役割を引き継いだ。大坂本願寺が降伏し、五畿内すなわち天下から抵抗する勢力がなくなった天正八年（一五八〇）、島津・大友両氏に和睦を勧告し、「来年（信長が）安芸の毛利氏の討伐に出陣しようとするこの時にあたって、和睦に同意されることが『天下』に対する大きな忠節になるのです」と述べている（八月一二日書状、『研究』下八八六）。これに対して島津義久も互いの恨みを棄てて今後信長と盟約し、信長の出馬にあたっては、「ご協力申し上げます〈相当の馳走を遂げ奉るべく候〉」と述べている（『島津家文書』六月二八日書状）。

さらに天正一〇年に甲斐国武田氏を滅ぼした後、関東諸大名に対して「惣無事令」を発したことが明らかにされている（柴裕之「織田政権の関東仕置―滝川一益の政治的役割を通じて―」）。この「東国御一統」による惣無事体制は、本能寺の変により崩壊し、北条氏と北関東の諸大名とが抗争を再開し、また徳川家康も北条氏と競合して旧武田領国の争奪戦を開始した。このような中で、織田信長の死後まもない織田家から、停戦の依頼が徳川家康になされ、天正一〇年一〇月、家康は、結城氏配下の水谷勝俊に対して、結城《ゆうき》晴朝《はるとも》への諫言を依頼し、自分の方も北条氏直へ「信長殿御存命の時期のように、各々が惣無事をされるのがよい〈信長御在世の時に候ごとく、各々惣無事尤もに候〉」と申し入れたと述べている（一〇月二八日書状案、『埼』六・一一七五）。

†天下人の停戦令

天下人が一旦関与した惣無事の指令は、諸大名の行動を規定していた。豊臣秀吉が関白となった時代のことであるが、奥州の伊達氏と抗争する最上義光《よしあき》も、天下人秀吉の関与する和睦は私事では済まない、と考えていた。自分の姉妹であり政宗の母である、という関係から、両者の和睦のために尽力している保春院に対して、あくまでも和睦を実現するよう要請し、その要請の書状の中で、「貴方が去年からなさっておられた和睦交渉は、まだ内輪のことでしたが、今やこの和睦のことは関白様や三河の徳川家康までご存じのことです〈御扱ひの事は既に関白様、次に三河家康まで聞し召し届けられ候〉（から私事ではありません）」と、和睦交渉が天下人の関与するものとなった以上、内輪のものでは済まなくなった事情を強調して、交渉推進を依頼している（『伊達家文書』二月一二日書状）。

天下人の停戦令は特別視されるべきものだったと考えられよう。将軍の名においてであればこそ、停戦勧告に従うべきであると諸大名が認識していたことは第一章で述べた通りである。幕府将軍、織田信長、そして関白に就任し、藤木久志氏の言われる、惣無事令に基づく秩序を打ち立てた豊臣秀吉ら天下人たちが、いずれも停戦勧告（そこでは諸大名の共存が前提される）を行う存在となっていたことは注目されよう。言い換えれば、武力制裁を行う実力の有無を抜きにすれば、実質的な惣無事令は既に室町末期から、天下人たちの手で発せられていた。

こうしてみると、織田信長の行ったことは、当時の大名たちにとって、彼らのなじんだ天下の秩序に基づいた、何ら違和感のない行動であったといえよう。だからこそ僅か数年とはいえ、天下を維持することができたともいえる。信長が全国の武力制覇を企てたという見解は、新たな社会秩序は旧来のそれの破壊から生まれるという、一八世紀の近代科学出現以降に有力となった、進歩の観念による部分が大きいように思われる。近代科学技術の誕生により、自然観から生活様式に至るまでが急激に変化していく時代には、古い伝統的な規範や考え方は、生き残る余地がないように思われていた。

例えば宗教である。伝統社会で重みをもってきた宗教も、近代科学の発展の中でいずれ消滅して行く、との観念は二〇世紀にはきわめて有力であった。しかし二一世紀になってみると、宗教はグローバル化の浸透する世界各地で紛争の原因となっており、根強く存続してきたことは、今や明らかであるといえよう。時代に連れて、社会の様々な部面で進歩がみられるのは事実としても、古くからの伝統が依然存続する局面もまた、やはり社会の様々な部面でみられることが再認識されるようになっているかに思われる。

旧秩序の破壊すなわち進歩という観念もまた、わりあい限られた時代の思考であり、いつの時代にもあてはまるとは限らないといえよう。特に近代科学以前の織田信長の時代に、こうした思考が至るところにみられたとは、必ずしもいえない。ようするに伝統の遵守ではなく破壊こそが進歩を生むとの観念は現代人にこそ馴染み深いが、近代科学以前の時代に生きた信長の行動を考える場合には、必ずしも適切ではないと思われる。

†家来の言い分

織田信長といえば、先にみたように、イエズス会宣教師ルイス・フロイスの描いた人物像が、広く知られている。

……正義と慈悲の業に心を向け、尊大で最高度に名誉を愛する。決断を深く秘め、戦術に関しては極めて抜け目がなく、規律や家臣の忠告には少ししか、或いは殆ど全く従わず、一同から極度に恐れられ尊敬されている。……（一五六九年六月一日書翰、CEV I f. 257v.『十六・七世紀イエズス会日本報告集』Ⅲ三、二九二頁、一部改変）

「規律や家臣の助言に少ししか、或いは殆ど全く従わず」という言葉は、織田信長に関するこれまでの一般の常識からも、革新的な判断をもつ専制君主とのイメージにぴったりであったため、そのまま受け入れられてきた。しかし第四章でみたように、対毛利戦における戦略においては、豊臣秀吉が専断で行った、宇喜多直家と結ぶという方針を、一旦は否定しながらも受け入れている。

また次にみるように天正八年（一五八〇）八月に重臣佐久間信盛を追放したが、その罪状を暴いた折檻状の中で、天正元年（一五七三）の対朝倉戦の折に、信長が家臣たちを叱責したところ、信盛が抗弁したためにその場の雰囲気は壊れ、信長は面目を失ったと述べて非難している。このことは織田家中において、信長の叱責にも家臣が抗弁し、信長の言い分が通らないという場合もあったことを窺わせる。どうも「規律や家臣の助言」を無視する信長像は、かなりの程度実態からはずれているように思われる。

もう一つの事例を検討してみよう。越前一向一揆を討滅した後、柴田勝家が越前を知行国として与えられた折、織田信長が勝家に与えた掟書がある。従来はこれが、信長が家臣の領地支配にまで専断的に指示を与えたものとみられてきたものであるが、近年ではこうした見方に対して異議が唱えられている（松下浩「柴田勝家の越前支配」、丸島和洋「織田権力の北陸支配」）。この掟書には次の一節がみられる。

既に言い古したことではあるが、何事においても、この信長が申付ける通りに認識することが肝要である。だからといって（信長の指示が）無理で非法であると内心思うのに、言葉をかざり追従を申してはならない。その際支障があれば、理を主張すべきであり、（こちらも）言い分を聞き届けそれに従うであろう〈さ候とて、無理・非法の儀を心に思ひながら、巧言申し出すべからず候。その段も何とぞ構ひこれあらば、理に及ぶべし。聞き届けそれに随ふべく候〉。ともかくも、この信長を尊敬して陰であってもないがしろに思わず、信長の方へは足も向けまいとの気持ちが肝要である。……（佐藤圭「建部賢文書写『越前国掟』について」より引用）

信長を尊敬して、陰であってもないがしろに思うな、信長の方へは足も向けるな、という言葉の、余りにも高飛車な響きのせいか、これこそ織田信長の、家臣の意向など意に介さない専制的な本質を示したものと考えられてきた。しかしその一方で信長の言い分が無理・非法であると思いながら、巧言令色を決め込んで阿諛追従してはならないと述べ、理を主張すればそれに随うと宣言していることにも注意すべきではないか。

織田信長が「規律や家臣の忠告には少ししか、或いは殆ど全く従わ」ないと記していたルイス・フロイスは次のような逸話も書き留めている。河内国のキリシタン武士三ヶ頼照・頼連父子が毛利氏と通謀したという噂を知った信長は「人並みはずれて短気であったので、ただちに両名を斬り、寸断するよう」重臣佐久間信盛に命じた。佐久間は噂が陰謀であることに気づき、信長の命令には「いかなる異議(を唱えること)も釈明することも許されず、そのまま言葉どおりに遂行する習わし」だったにもかかわらず、息子の頼連を連れて信長に面会するために上洛した。

命令を実行しないと詰る信長に対し、佐久間は事情の取り調べが必要だと説得し、まず訊問を行うことになったという。そして無実が明らかになったとの報告をうけた信長は、「彼に自由を与え帰宅することを許し、そのうえさらに封禄を加えた」と記し(『日本史』

第二部第二八章、フロイス『日本史』五・第五〇章）、一旦処刑に決した判断を「家臣の忠告」に従って翻した信長の姿を活写している。

†家中の合議

織田氏以外の戦国大名家においては家臣全体の合議の決定こそ家中を動かすものであり、当主の言い分が通るには家臣に支持される必要があったことが知られている。著名な毛利元就は、兄興元の死去、そしてその子幸松丸の早世により、家督を継いだのであるが、その際には志道・桂・井上・粟屋・坂・福原など有力家臣らの間での、元就を家督にするとの合意により家臣側から申請が行われ、これに元就が同意する、という形式が必要であった。久留島典子氏はこのような当主の地位を「家臣たちが一味同心して家督を迎え入れる形」と表現しておられるが（『一揆と戦国大名』）、大名は家臣の「一味同心」（一人は全体のため、全体は一人のためという団結、すなわち一揆の団結）に支えられていたのであり、その家中は合議による決定が原則であった。

第四章でみたように、織田信長も、自分の提案した対武田の戦略を「家康殿に伝え、（徳川の）ご家中の宿老の方々にも伝えて談合することが最善」であると述べている。家中の方針決定は当主と家臣との談合によることが好ましい、と信長もまた考えていた。合議こそは戦国大名家中の強固な習慣であった。そうであれば織田家のみが異常な例外だとみることはできないだろう。信長といえども合議を重視する世界に生きていたのであり、フロイスの描くような、部下の言い分に耳を貸そうともしない、ヨーロッパ風の専制君主の姿とはずいぶん異なっていたのではないかと思われる。

そのように考えれば諸大名との合議や協調・共存をめざす信長の姿は、たとえ従来の常識的イメージを裏切るものであろうと、当時の人々にとっては何ら違和感のあるものではなかったのではないか。一六世紀末の大名や武士たちにふさわしく、信長もまた天下人を中心とする諸大名の協調を好ましいものとみていた可能性は高いように思われる。

2 世間の評判の重視

†世間の不審

織田信長に関して流布している、世間の慣習を顧みず、傍若無人ともいえるほど自由闊達に振舞う「天才児」のイメージとは裏腹に、信長自身のものとされる言説をみれば、信長ほど世間の評判に細やかに気を遣った人物は滅多にいないように思われる。例えば第一章で触れた、足利義昭に呈したとされる有名な十七箇条の諫言をみてみよう。

「諸侯の人々に対し、怠りなく忠節を行う者には相応の恩賞をお与えにならず、大した働きもない者に恩賞を与えておられますが、これでは忠義も不忠義もあったものではなく、人々の評判もよろしくないと存じます〈諸人の思惑然るべからず存じ候事〉」「喧嘩をして死んだ小泉を処罰するのに、その女房の所持品まで没収されたと聞いております。謀反の罪で処罰されたならともかく、不慮の喧嘩で処罰されただけなのであれば、まずは法の通りに裁かれるべきではないでしょうか〈一旦は法度を守られて尤もに候〉。これほどまでに処断されるとは、唯欲得ずくのことと世間は考えるでしょう〈唯御欲得の儀によりたると、世上に存ずべく候事〉」と義昭の行動の評判をまず問題にする。

また「元亀の年号は不吉だから改元すべきだと、天下で噂になっているので〈天下取沙汰仕り候につきて〉、朝廷でもその御意向であるのに、なんら着手されず未だ遅れております」「去年夏に兵粮米を売られて金銀を買われたとのこと、公方様が商売をなさるとは聞いたこともありません。この時節ならば御蔵に兵粮米があってこそ外聞もよろしいと存じます」「宿直の若衆に扶持をお与えになるのに、代官職まで与え、果ては正当でない訴訟まで取次がせるとは、天下の評判はさんざんでしょう〈天下の褒貶沙汰の限りに存じ候事〉」と詰り、特に「天下」という将軍直属の領内で評判を落していることをとりあげる。

そして「理非も他人の評判も眼中にないと噂されております。だから下々の土民・百姓までもが『悪い御所』と言っているそうではありませんか。(暗殺された) 足利義教殿がこう評判されていたと聞いております。なぜこんな陰口をたたかれるのか、よくよく御分別なさるべきです」と世間の評判に耳を貸すべきことを主張しているのである。

ここにみられる足利義昭への非難は、恩賞が不適切なために、あるいはその裁定が不当であるために評判を落している、元号が不吉だとの評判に耳を貸さない、この時節に兵粮米を売り、評判を落している、宿直の若衆などに依怙贔屓すれば天下の評判はさんざんである、他人の評判を気にしないから「悪い御所」とよばれるのだ、と総て世間の評判を顧みない点に集中している。義昭との対立が生じた天正元年(一五七三)三月、細川藤孝への書状で「今堅田の一揆を成敗したため、世間の評判が一変したとのことだが〈今堅田一揆成敗の儀につきて、世間の顔付も変るの由に候〉、まずまず結構なことである」(三月七日黒印状、『研究』上三六四)と述べているように、世間の評判こそが、合戦の行方を左右することを熟知していた織田信長にとっては、世間の評判に無頓着であるなど、武士にあるまじき振舞いだったといえよう。

†評判の恐ろしさ

第四章で述べた甲斐の戦国大名武田勝頼の末路を想起されたい。遠江国高天神城で、味方の籠城軍を支援もせずに見捨てたとの評判が立っただけで、武田信玄以来領国としていた信濃国の武士や領民の信頼を失い、頼りにならないとの評価によって彼らの離反を招いたのであった。恐らく徳川家康との境目にあった駿河国の諸国衆の間でも同様の評判が立ったことは推測にかたくない。その結果孤立した勝頼は滅び、甲斐の大大名として名声を恣にした武田氏も滅亡したのであった。以上の点だけからでも窺うことのできるように、評判の重大さを弁えない戦国武将に未来はなかったともいえよう。

そして織田信長が誰よりも、このような世間の評判を重視したことを示すのは、天正八年八月に行った老臣佐久間信盛・定栄父子の追放である。この事件は如何なる譜代の重臣であっても、現在の働きのない者は淘汰する管理者としての信長の合理性を、あるいは逆に役に立たないものは切り捨てる信長の非情さを示すものとされてきた。しかし先ず史料をよく読んでみたい。信長は信盛父子に対して発した折檻状の冒頭で「(佐久間信盛)父子は五年大坂の砦にありながら、なんの働きもないので、世間が不審に思うのも無理のないことであり〈世間の不審余儀なき子細ども候〉、この信長にも思い当たる節のある、言葉にも尽せないほどの不始末である」(池田家文庫本『信長記』巻一三、『研究』下八九四)と述べている。ここでも問題なのは「世間の不審」つまり佐久間信盛父子に対する人々の評判なのである。

†評判と制裁

それでは佐久間信盛に対する評判とはどのようなものか。折檻状をさらにみてみよう。天正四年から八年まで行われた大坂本願寺攻めについては「(信盛の)内心を推量するに、大坂本願寺を大敵と見て、戦さの手段も政治工作も講じることなく、ただ砦を保ち、何年も時間をかければ、相手は公家だから、この信長の威光を恐れて退去すると思っていたのであろう。しかし武士の道はそんなものではないはずだ。このような場合こそ勝負に出るべきであろう。それはこの信長のためでもあれば、其方ら父子のためでもあり、さらには戦いに臨む兵士たちの苦労を軽減するためでもあり〈信長のため、且は父子のため、諸卒苦労をもこれを遁れ〉本望のはずなのに、そこに思いが至らないとは誠に未熟」と叱責している。戦さに時間をかけるものではない、戦いに臨む兵士らの苦労を考えよ、彼らの悪評は指揮官のお前、ひいてはその主人の、この信長の評判を落すことでもあるのだぞ、という信長の声が聞こえてくるような文章ではないだろうか。

佐久間信盛が長期戦のみしか眼中になく、何ら手柄を立てるでもなく、徒に時を過ごしたとの非難は、信盛家中の、主人への批判に基づいている可能性がある。戦争が長期に及べば経費が増大し、動員される士卒の不満も増大するのは、戦国時代であれ現代と変らない。天正九年、高天神城に対する軍事行動について、降参を許さないという作戦を提示しながら、徳川家康の「心労」や諸卒の「苦労」を考慮して最終決定を徳川家中に任せた、第四章でみた信長の行動を想起されたい。戦争に士卒を動員するものとして、彼らの、自分自身に対する批判に思い至らないような武将は失格であると考えていたのではないか。

また「古くからの家来には知行の加増をしてやり、新しく侍をも家来としていれば、これほどの不覚を取るはずはないのに、吝嗇《りんしょく》な蓄えに奔って今度『一天下の面目』を失ったことを知らない者はない」という。さらに信盛の「直属の部下〈与力・被官等〉までも（主君信盛に）遠慮しているのは他でもない、自分では分別のあることを自慢して、優しい振舞をするふりをして、（内々では）真綿の下に針を隠しもつような陰険な扱いをしている結果だ〈その身分別に自慢し、美しげなるふりをして、綿の中にしま針を立てたる上を探る様なる強き扱ひに付きてかくの如き事〉」と述べている。ここでも信盛が家来たちの扱いが悪く「一天下の面目」を失うほど評判を失墜したこと、また家臣から陰険なやり方で恐れられ、人徳のないことが問題とされているのである。

こうみて来ると、佐久間信盛が世間の評判に無頓着であることが、叱責の対象とされていることが目につく。「天下の面目」を施した明智光秀、「数ヶ国に比類ない」評判をとった羽柴（豊臣）秀吉、「少身」（所領規模の小さい武士）ながら「天下の覚え」をとった池田恒興を引き合いに出し、「柴田勝家は、彼らの働きを聞いて、一国を知行しつつも、天下の評判を慮って〈天下の取沙汰迷惑につきて〉、この春には加賀一国を制圧した」と述べ、世間の評価に適う諸武将を挙げる。その一方で佐久間父子は「全体的にいえば欲が深く、気難しく、よい武者を家来にすることもなく、その上『油断している』との評判をとるとは、畢竟『武篇道』に欠けることから起ったことだ」と断罪する。

なぜお前は同輩をみて自分自身に思い至らないのか、「気づき」がないのか、というのであるが、ここでは戦国武将に要求されるものが、何よりも戦争遂行の能力や、家臣へ配慮する、主君としての器量に関する評判であったことが窺われるように思われる。評判を失うならば、動員され戦場に臨む兵卒から不満を買い、世間から侮られて、武将としての地位を失うこととなろう。先ほど触れた武田勝頼は、そうした世間の評判の恐ろしさを例証しているともいえる。世間の評判こそが、佐久間信盛父子を処断するところまで織田信長を動かしたものであったとみることができる。

†挽回の機会

「この上はもう一戦して恥をそそいで帰参するか、討死するか」を要求し、それができなければ「剃髪して高野山住いをして赦しを乞うか」どちらかにせよ、と織田信長は迫っているが、信長のこの処置は他の史料から確認できる。八月二四日には、佐久間父子に大坂での恥をそそぐことを申付けたので、信盛の軍勢から逃亡する兵卒がないよう監視せよ、と筒井順慶に指示している（同日朱印状、『研究』下八九二）。その一〇日ほど後の九月五日には、佐久間父子には誅罰すべき落度があるものの、長年の家臣なので助命したことを告げ、二度の赦免はないので、こっそり畿内に近づいたら、見つけ次第討ち果たすよう和泉国諸侍に指示している（同日朱印状、『研究』補一〇〇）。

佐久間信盛は、恥をそそぐために一戦するか、高野山へ剃髪・隠遁するかの選択肢のうち、後者を選んだのだろう。九月一五日に、高野山金剛峰寺の小坂坊に金子八両をあずけ、自分らの賄い方を頼み、死去した場合の葬儀を依頼している（天正八年九月一五日佐久間信盛書状、『研究』下八九四・参考）。『信長公記』は、高野山も追い払われ、熊野の山奥へ追われたと記すが、誤りと思われる。信盛が死んだ時に、高野山の宿坊に荷物を残していたとの証言（『多聞院日記』天正九年八月一九日条）もあるので、恐らく小坂坊で余生を送ったのだろう。

諸卒始め世間の評判を落してしまった武将佐久間信盛に、名誉挽回の戦いを要求することが温情であるのか、非情であるのかは見当がつかないが、少なくとも形式的には、織田信長は信盛に、最後の機会を与えたのであった。この信盛への処罰は、ともすれば、使えない部下は遠慮なく切り捨てる、という冷酷な企業主の処断のように言われることが多いが、必ずしもそうはいえないように思われる。むしろ信長が、信盛の家臣への扱いを問題にしていることをみれば、信長は、家臣の扱いには細心の配慮を心がけていたとみることもできるように思われる。

†平手政秀の傑

織田信長といえば、少年時代の奇行から、社会的常識の枠組みにはまらない、傍若無人ともいうべき行動の人であり、それが彼の革新性の証であるとの見方もある。しかしこれまで述べてきたように、少なくとも成人してからの信長は、全く違うタイプの人間だったとみてよいだろう。世間の評判を重視して気を配り、評判を失うことを大きな失策とみてきたことが窺われるからである。どうも信長の若い時代の奇行に、ことさらに注目する見方の背景には、凡人に理解できない天才は、凡人が躊躇するような、型にはまらない行動に出るものであり、奇行こそが天才の聖痕《スティグマ》であるとみる、かなり型にはまった発想があるのではないか。それは多分に印象論の域を出ないもののように思われる。

むしろ世間の評判を失うことの恐ろしさを、誰よりも熟知していた織田信長の一面からみれば、彼は誰よりも常識に富んでいた「大人」であり、老獪な政治家であったとみた方が理に適っているのではないだろうか。少なくとも人心収攬を重要なものと心得ており、絶えず当時の常識や、民衆の動向に気を配っていたと思われる。イエズス会宣教師ルイス・フロイスは信長の死後、「気質は寛大で策略に長け、生来の智慮を備えているので絶えず日本人の心を摑」んでいたと述べている(一五八二年一一月五日書翰、CEV II f.61v.『十六・七世紀イエズス会日本報告集』Ⅲ六、一一九頁)。「気質は寛大で……絶えず日本人の心を摑」んでいたという、常識に富んだ「大人」の一面を窺わせる記述が注目されよう。

織田信長の若年時の奇行を記す『信長公記』首巻は、次のような逸話も記している。信長の傅役《もりやく》を務めた平手政秀には五郎右衛門、監物《けんもつ》、甚左衛門という三人の息子がいた。総領の五郎右衛門が良い馬を持っていたので、信長が所望したところ、「自分は武者であるのでそれはご勘弁を」と拒絶したので、信長は深く恨んでは政秀にあたったため、とうとう主従の間は不和になったという。その後政秀はよく知られるように、信長が一向真摯なところのないのに心を悩ませ、傅役をしていても無駄だと切腹したという。

そして成人した織田信長は、将軍足利義昭に諫言していう、「諸国へ御内書を出されて馬などを所望されるありさまは如何かと思いますので、お止めになるのがよろしいと存じます。……どこでも結構な馬がいると御耳に入ったならば、この信長が尽力申し上げて進上いたしますと、何度も申し上げたではありませんか」と(『尋憲記』元亀四年二月二二日条、『研究』上三四〇)。臣下に馬をねだるとは、主君としてみっともないからおやめください、というわけなのだが、この時信長は、若年時の苦い思い出を嚙みしめていたのではないだろうか。自分が家来に馬をねだったため、大事な傅役を失ってしまったことが、消えることのない重大な記憶を、信長の心に遺したように思われてならないのである。

下衆の勘繰りであえて想像を逞しくすれば、「天才」織田信長もまた、後悔しきれないような苦い失敗に学びつつ、成長を遂げなくてはならなかったのではないだろうか。もしかしたら、若い頃の信長は『信長公記』の記す通り、町を通行中に人目もはばからず果物にかぶりつくような「見にくい」ことをやり、立ったまま餅を食べ、人によりかかり、その肩にぶらさがって歩く「大うつけ」であったのかも知れない。そして平手政秀という「大人」の捨身の愛情に救われ、心を入れ替えて日々行った努力が実を結び、ついに武田信玄、上杉謙信といった、並はずれて傑出した大名らと、堂々と渡り合う天下人に成長していったのかもしれない。

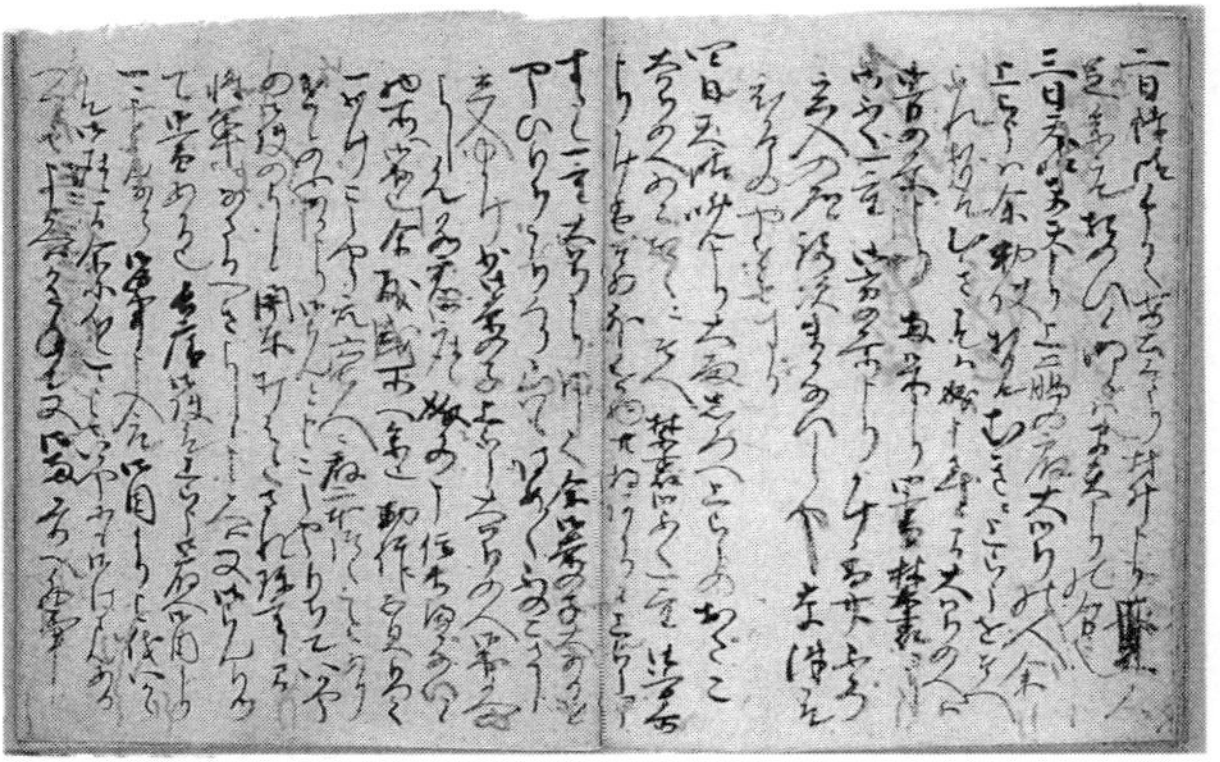

信長の「本当の箱」――おわりに

『日々記』(国立公文書館蔵)
勧修寺晴豊の日記。天正10年5月4日、安土城で、関東平定を賞して信長を将軍に任命したいとの天皇の意向を伝えたことを記す(左から6行目～5行目)。

†人気キャラ織田信長

織田信長は、これまで多くの人々によりその人物像が注目されてきた。これほど多くの人々の関心や注目を浴びた歴史上の人物は、他に余り例をみないように思われる。ある人は織田信長に、古い体質故に停滞する社会を変革すべく闘った旗手を投影したし、他の人は神仏の恵みや祟りを信じない「科学的」な人物を投影してきた。抵抗勢力は生かしてはおかない、という非情な専制君主を投影した人もいれば、過去の実績など評価せず、常に新たな試練への挑戦を課するという、グローバル時代風の管理者を投影する人もいる。

織田信長の人気は、おおざっぱにみて、二つのことが大きな要素であると思われる。第一には戦国時代という、日本人には最も関心の高い時代を生きた人物であることである。わが日本では、人気のある歴史上の人物は、おおまかに言って二つの時代に集中している。一つは日本が「開国」を迎えた時代とされる幕末維新期、そしてもう一つは戦国時代である。この時代の人物に現代でも関心が集中していることは、例えばNHKの大河ドラマの多くが、戦国時代か、幕末維新期を舞台としていることからも明らかといえよう。

だから織田信長以外にも、武田信玄、上杉謙信、毛利元就のような戦国大名や、信長の後継者とされる豊臣秀吉、徳川家康などが特に人気があり、その人物像が取沙汰されてきた。人物像を探求する行為は、現代をどのように生きるかという関心から、過去の時代を考える行為と結びついている。過去の時代を考えるためには、その時代を生きた人物が何に立ち向かい、何をめざしたのかを考えることが有力な方法の一つだからである。そして戦国時代は一般的に関心が高いばかりでなく、歴史学においても現代社会を考える上で重要な時代として、幕末維新期とともに重視され、この時代に、今日の日本社会の原型が成立したとみる学説が注目されている。信長の人気は当然のことといえよう。

第二には、戦国期の歴史上の人物の中でも、特に先駆的で革新的な性格の強い人物と見なされてきたことである。既に明治時代に、織田信長が、旧幕政治から王政復古へと向かう、幕末維新期の動向を彷彿とさせるような、勤王の先駆者とみなされていたことは「はじめに」で述べた通りである。こうした見方を始めとして、信長は何といっても進取の気性に富んだ、新しいものへ次々に挑戦していった人物として注目されてきた。

だからまた日本という枠組みに収まらない視野をもち、海外に目を向けた人物と見なされてきた。この織田信長像に恰好の材料を提供したのが、一六世紀に、布教のため来日したイエズス会宣教師の記録であったといえよう。第二次大戦後に、急速に関心を集めるようになった「国際化」という課題を前にして、信長は日本人には数少ない、「国際化」を実現する資質を具えた存在として、注目を浴びてきたと考えられる。歴史小説の中に無神論者として登場したり、天皇の権威を否定して、新たな政権を構想した人物とされたりするのも、こうした文脈からであるように思われる。

†過去との対話

ところで本書では、右に述べたような織田信長の人物像は、そのまま鵜呑みにはできないことを縷々述べてきた。もちろんだからといって、これまで語られてきた織田信長の人物像が、全く意味のないものだと考えているわけではない。過去の人物と向き合うには、様々なやり方があるのは当然だからである。そもそも歴史上の人物を考える時、どんな人物についても、過去の蓄積を全く無視することはできない。そこにはいくつもの時代の人々の願望が投影されている。源平争乱期の武将源義経は、室町時代以降、実像如何にかかわらず美しく悲しいヒーローであり続けたという一点からも、義経伝説が今後とも語り伝えられていくであろうことは想像にたやすい。

歴史上の人物は、その後の時代が託した想像力を背負って現代に伝えられている。想像力が羽ばたくような過去の人物との向き合い方はあって当然であり、その想像が、人々に感動を与えて来た例は枚挙に暇がないだろう。例えば本書で扱った織田信長にしても、僅かな兵力しか持てなかった尾張の弱小大名が、今川義元という大軍を擁した錚々たる戦国大名を、知略をもって撃破したという、桶狭間合戦の物語は有名である。その信憑性に関しては疑問符がつけられ、史実と見なされる余地はほぼなくなっているものの（藤本正行『信長の戦争』）、桶狭間合戦の伝説自体は、日本人の記憶から失われそうもない。

軍記『永禄記』は将軍足利義輝の暗殺から信長の右大臣辞任までを扱っている。つまり本能寺の変以前に成立した可能性もあり、天正年間（一五七三～九二）の成立とされているが、ここでは桶狭間合戦を「奇策をもっての故か〈奇謀をなせしによるものか〉」今川義元を討ち取ったと記している。すなわち知略で大軍を破るという、桶狭間合戦の伝説の骨子が、小瀬甫庵『信長記』（江戸時代初期成立）でまとめられる以前に、既に巷間に生まれていたことが窺える。桶狭間合戦の伝説は、小勢の軍が、知略で強力な大軍に勝つという源義経伝説を彷彿とさせ、いかにも日本人好みである。戦国時代に自然発生的に生まれ、成長していったものと想像される。

また過去の人物像は、始めから史実を改変して描かれる場合もある。ある場合には伝承の存在をふまえて、パロディーが創られてきたことはよく知られており、こうした自由な想像力の働きがなかったら、日本文学もこれほど豊かな遺産を遺すことはできなかっただろう。『太平記』の世界に、江戸時代の、浅野家浪人の四七士の物語をはめこんだ『仮名手本忠臣蔵』のような、創作というジャンルもまた過去の人物との向き合い方である。

しかし過去の人物との向き合い方はこうしたものだけではない。自分たちの祖先に対する敬意を確認する時、または逆に、大きな罪を犯した悪人とされる過去の人物と、正面から向き合う時、あるいは、幼時のおぼろげな記憶しか残さずに逝った肉親と向き合う時、想像力を羽ばたかせるだけですまないことは、自明であるように思われる。この場合には、残された史料の限界から所詮限定的にしかなしえないにしろ、納得のいくまで、正確かつ客観的に考えたいと思うのが自然の感情ではないだろうか。遠い昔の人であれ、謂われないレッテルを貼られたり、仕出かしたこともない事件の責任を問われる必要はないからである。

もちろん、掛け値なしに本物の人物像に到達することは今後とも著しく困難だろう。利用できる史料が限られている以上、一旦描かれた人物像も、常にその後の研究によって修正されていく運命にあるからである。また時代により、人々の関心が変化するのは世の常である。それぞれの時代固有の関心が、描かれる人物像に強く投影されるのは当然であろう。ある時代には勤王家として注目を浴びた織田信長が、別の時代にはいち早く鉄砲を採用し、キリスト教に好意を示したことで注目を浴びるのは、まさにこうした時代固有の関心の反映であるように思われる。信長の人物像は今後も絶えず変化していくであろう。

†「本当の箱」を覗く

そのようなきりのない作業にどんな意味があるのか、とあるいは問われるかもしれない。先に述べたように、過去の人物像を探求する試みは、現代を考える作業と結びついている。現代を自分なりに考え、人まねではない自前の見解を必要とする時、私たちは誰でも、ことさら学問と銘打たなくとも、何らかの意味で歴史の研究を、従ってまた人物像の探求を必要としているのである。

操縦する飛行機がサハラ砂漠に不時着し、独りでモーターの修理を決意したパイロットは、砂漠の砂の上で最初の夜を過ごしたが、夜明けに、ふいに声をかけられた。「ね……ヒツジの絵を描いて!」みると奇妙な少年が立っている。絵は描けないというパイロットに、あまりしつこくせがむので、とうとう絵の心得もないままヒツジの絵を描くことになった。ところが描く絵、描く絵ことごとく少年の気に入らない。「病気で、いまにも死にそうじゃないか」とか「ヨボヨボじゃないか」とか……。思い余ったパイロットは、三ヶ所ほど穴のあいた大きな箱の絵を描いて「あんたのほしいヒツジ、その中にいるよ」と言って渡した。ところが思いがけずこの箱は少年の気にいったのである。「うん、こんなのが、ぼく、ほしくてたまらなかったんだ」と言って少年は絵に描かれた箱の中を覗いた……。

今さら説明不要な、世界的に有名な童話『星の王子さま』の出だしである。もういちど「はじめに」で述べた言葉を繰り返せば、人というのはわからないものである。革新的な人物であり、「天下統一」の野望を懐いた人物という、牢固とした観念の「箱」に入っていた織田信長も、この「箱」には収まり切らない、全く異なった側面を有していた、というのが本書の結論である。

そして「本当の」織田信長は、この観念の「箱」の中に収まっているわけではなく、実をいえば厖大な史料の集積という、外から見ただけでは分らない「箱」の中に入っている。

こちらの方が信長の「本当の箱」なのである。「箱」の中の人物はどんな人だったのか、納得のいくまで調べようとするならば、「王子さま」がやったように自分で穴から覗く、すなわち史料を自力で読んでみる他ない。

本書では出来るだけ、常識や先入観にとらわれずに、織田信長の「本当の箱」を覗く試みを行ったつもりであるが、未解明の点は当然ながら数限りなく残っている。しかし、これまで当然と思われてきた信長像が、どれだけあやふやな印象や、観念の上に築かれてきたものかは、ある程度示したつもりである。それがどの程度成功しているか読者の御判断に委ねる他はないのであるが。

あとがき

筆者はこれまで、織田信長や織田政権を専門的に研究してきた者ではない。しかし、織田信長の時代を含め、戦国時代に起った一向一揆について研究を続けてきたために、当然ながら織田信長や織田政権にも重大な関心をもつようになった。そうしたなかで、通説でいわれてきた織田信長の事業の意義や、織田政権の特質に、かなりの疑問をもつようになった。そうした疑問はこれまでにも、機会あるたびに表明してきたが、織田信長・織田政権についてまとまった形で考えてみようと思ったのは、昨年のことである。

二〇一二年末に池上裕子氏の『織田信長』が出版され、話題となったので、大学院のゼミで取り上げ、あわせて従来の疑問をもう一度考えようと思ったのが、本書執筆の直接のきっかけとなった。既に二〇一一年、戦国史研究会により『織田権力の領域支配』が刊行されており、その中で斬新な論文を発表されていた柴裕之・功刀俊宏・鈴木将典氏らの参加を得て、昨年度のゼミは当初の予想を超えて活気ある刺激的なものとなった。そこでの議論の中で、織田政権に関する多くの研究や最新の見解に触れ得たことは大きかった。

したがって本書はそこでの成果に少なからず負っていることをまずはお断わりしておきたい。日本史上の登場人物として、ずばぬけて著名な織田信長に関する厖大な書物の中に、自分の一書を加え得たことはささやかな喜びである。なお本書脱稿後に、松下浩氏『織田信長　その虚像と実像』（サンライズ出版）・金子拓氏『織田信長〈天下人〉の実像』（講談社）・谷口克広氏『信長と将軍義昭　連携から追放、包囲網へ』（中央公論新社）が出版された。本文で触れ得なかったがあわせてご参照いただければ幸いである。

本書執筆の最初のきっかけは、実をいえば数年前の、筑摩書房の伊藤大五郎氏のお勧めである。織田信長について是非書いてみたい、という夢を持たせていただきながら形にならず、年月を経てしまった。しかし昨年度のゼミに後押しされ、さらに伊藤氏の後を引き継いで下さった同書房の天野裕子氏の適切なリードで、どうやら刊行にこぎつけた次第である。最後になったが、お二人に心より感謝申し上げる。

二〇一四年八月

神田　千里

史料・凡例

〔史料略号一覧〕

『愛』:『愛知県史』資料編一〇～一二(「主な史料集」参照)の略。数字は巻名と史料番号。『愛』一〇・一五二五は、資料編一〇巻、一五二五号文書。

『研究』:奥野高広著『増訂織田信長文書の研究』(「主な史料集」参照)の略。数字は文書番号。『研究』上、『研究』下、『研究』補は、それぞれ上巻、下巻、補遺。

『埼』六:『新編埼玉県史』資料編六、埼玉県、一九八〇年、数字は文書番号。

CEV: Cartas qve os padres & irmãos da Companhia de Iesus ...desdo anno de 1549 atè o de 1580, Evora, 1598 の略、Ⅰは第一巻、Ⅱは第二巻。

『十六・七世紀イエズス会日本報告集』:『十六・七世紀イエズス会日本報告集』(第三期)第一巻～第七巻(「主な史料集」参照)の略。Ⅲ四は、第三期第四巻。

『上越』別一:『上越市史』別編一(「主な史料集」参照)の略。数字は文書番号。

戦武:『戦国遺文』武田氏編第一巻～第六巻(「主な史料集」参照)の略。数字は文書番号。

戦北:『戦国遺文』後北条氏編第一巻～第六巻(「主な史料集」参照)の略。数字は文書番号。

戦瀬:『戦国遺文』瀬戸内水軍編(「主な史料集」参照)の略。数字は文書番号。

『姫』八:『姫路市史』第八巻・史料編　古代・中世一(「主な史料集」参照)の略。数字は文書番号。

フロイス『日本史』：フロイス『日本史』第三巻～第五巻（「主な史料集」参照）の略。

〔主な史料集〕

織田信長に関する史料は厖大であり、本書執筆に際して直接に参照したものに限らせていただいた。

東京大学史料編纂所編『大日本史料』第十編、東京大学出版会
東京大学史料編纂所編『大日本古文書』、東京大学出版会
奥野高広『増訂織田信長文書の研究』吉川弘文館、増訂版第二刷、一九九四年
同・岩沢愿彦校注『信長公記』角川書店、一九六九年
愛知県史編さん委員会編『愛知県史』（資料編一〇～一二）愛知県、二〇〇三～二〇〇九年
上越市史編さん委員会編『上越市史』別編一、上越市、二〇〇三年。
杉山博・下山治久・黒田基樹編『戦国遺文』後北条氏編第一巻～第六巻、東京堂出版、一九八九～一九九五年
柴辻俊六・黒田基樹・丸島和洋編『戦国遺文』武田氏編第一巻～第六巻、東京堂出版、二〇〇二～二〇〇六年
土井聡朋・村井祐樹・山内治朋編『戦国遺文』瀬戸内水軍編、東京堂出版、二〇一二年
姫路市史編集専門委員会（委員長八木哲浩）編『姫路市史』第八巻・史料編　古代・中世一、二〇〇五年
松田毅一監訳『十六・七世紀イエズス会日本報告集』第Ⅲ期三～七、同朋舎出版、一九九一～九八年

松田毅一・川崎桃太訳、フロイス『日本史』第三巻〜第五巻、中央公論社、一九七八年

織田信長に関する参考文献は厖大であり、ここでは本書執筆に際し直接参照したものに限らせていただいた。これ以外にも重要な文献があることを予めお断りしておく。

〔主な参考文献〕

朝尾直弘『将軍権力の創出』〈朝尾直弘著作集三〉岩波書店、二〇〇四年、初出一九九四年
池　享編『天下統一と朝鮮侵略』吉川弘文館、二〇〇三年
池上裕子『織田信長』吉川弘文館、二〇一二年
伊藤真昭「織田信長の存在意義——特に京都の門跡・寺社にとって」『歴史評論』六四〇、二〇〇三年
臼井進「織田信長の上洛経路」『日本歴史』七八五、二〇一三年
奥野高広「上様と殿様」『日本歴史』三四四、一九七七年
金子拓「織田信長の東大寺正倉院開封と朝廷」『国史学』一九六、二〇〇八年
同『織田信長という歴史——「信長記」の彼方へ』勉誠出版、二〇〇九年
同「天正四年興福寺別当職相論と織田信長」天野忠幸他編『戦国・織豊期の西国社会』日本史史料研究会、二〇一二年
同編『織田信長の見た「夢」』〈新発見！週刊日本の歴史戦国時代③〉朝日新聞社、二〇一三年
同「誠仁親王の立場」『織豊期研究』一五、二〇一三年
鴨川達夫『武田信玄と勝頼——文書にみる戦国大名の実像』岩波書店、二〇〇七年

神田千里『戦国乱世を生きる力』中央公論新社、二〇〇二年、二〇二一年ちくま学芸文庫収録
同　『一向一揆と石山合戦』吉川弘文館、二〇〇七年
同　『宗教で読む戦国時代』講談社、二〇一〇年
同　『戦国時代の自力と秩序』吉川弘文館、二〇一三年
桐野作人『織田信長――戦国最強の軍事カリスマ』新人物往来社、二〇一一年
久野雅司「足利義昭政権論」『栃木史学』二三、二〇〇九年
久留島典子『一揆と戦国大名』講談社、二〇〇一年、二〇〇九年講談社学術文庫に収録。
黒田基樹『戦国北条一族』新人物往来社、二〇〇五年
五野井隆史『日本キリシタン史の研究』吉川弘文館、二〇〇二年
佐藤圭「建部賢文書写『越前国掟』について」『ぐんしょ』再刊四四、一九九九年
佐藤進一『花押を読む』平凡社、一九八八年
柴裕之「織田政権の関東仕置――滝川一益の政治的役割を通じて」『白山史学』三七、二〇〇一年
同　「長篠合戦再考――その政治的背景と展開」『織豊期研究』一二、二〇一〇年
同　「戦国期尾張織田氏の動向」同編『尾張織田氏』〈論集戦国大名と国衆六〉岩田書院、二〇一一年
同　「織田政権と黒田官兵衛」小和田哲男監修『黒田官兵衛』宮帯出版社、二〇一四年
清水克行「『御所巻』考――異議申し立ての法慣習」『室町社会の騒擾と秩序』吉川弘文館、二〇〇四年
下村信博「織田信秀の台頭」『新修名古屋市史』第二巻第六章「戦国の争乱と尾張」第四節、一九九八年　柴裕之編『尾張織田氏』〈論集戦国大名と国衆六〉岩田書院、二〇一一年に再録。
末柄豊「禁裏文書にみる室町幕府と朝廷」『ヒストリア』二三〇、二〇一二年

戦国史研究会編『織田権力の領域支配』岩田書院、二〇一一年
高瀬弘一郎『キリシタンの世紀――ザビエル渡日から「鎖国」まで』岩波書店、一九九三年、二〇一三年人文書セレクション収録。
立花京子『信長権力と朝廷』岩田書院、二〇〇二年
田中義成『織田時代史』明治書院、一九二四年（講談社学術文庫より再刊）
谷口克広『信長の天下布武への道』吉川弘文館、二〇〇六年
同『織田信長家臣人名辞典』第二版、吉川弘文館、二〇一〇年
辻善之助『日本仏教史』〈第七巻・近世篇之一〉岩波書店、一九五二年
橋本政宣「織田信長と朝廷」『近世公家社会の研究』吉川弘文館、二〇〇二年、初出一九八二年
平山優『天正壬午の乱――本能寺の変と東国戦国史』学研パブリッシング、二〇一一年
同『長篠合戦と武田勝頼』吉川弘文館、二〇一四年
藤木久志『豊臣平和令と戦国社会』東京大学出版会、一九八五年
藤本正行『信長の戦争――『信長公記』にみる戦国軍事学』講談社、二〇〇三年
堀新「織田権力論の再検討――京都馬揃・三職推任命を中心に」同『織豊期王権論』校倉書房、二〇一一年、初出一九九八年
同「織田信長と絹衣相論――関連史料の整理と検討」前掲『織豊期王権論』、初出二〇〇五年
同 編『信長公記を読む』吉川弘文館、二〇〇九年
松下浩「織田信長の神格化をめぐって」『研究紀要』（滋賀県教育委員会・滋賀県安土城郭調査研究所）四、一九九六年

同　「柴田勝家の越前支配」『研究紀要』（滋賀県教育委員会・滋賀県安土城郭調査研究所）六、一九九八年
松本和也「宣教師史料から見た日本王権論」『歴史評論』六八〇、二〇〇六年
丸島和洋「織田権力の北陸支配」前掲『織田権力の領域支配』、二〇一一年
同　『戦国大名の「外交」』講談社、二〇一三年
宮本義己「足利将軍義輝の芸・雲和平調停」『國學院大學大学院紀要』六、一九七四年
同　「足利将軍義輝の芸・豊和睦調停」上・下『政治経済史学』一〇二・一〇三、一九七四年
山田康弘「戦国期将軍の大名間和平調停」阿部猛編『中世政治史の研究』日本史史料研究会、二〇一〇年
山本浩樹『西国の戦国合戦』吉川弘文館、二〇〇七年
同　「織田・毛利戦争の地域的展開と政治動向」川岡勉・古賀信幸編『西国の権力と動乱』清文堂出版、二〇一〇年
脇田修『織田政権の基礎構造――織豊政権の分析Ⅰ』東京大学出版会、一九七五年
渡邊世祐「足利義昭と織田信長との関係に就いての研究」『史学雑誌』二二―一、一九一一年
同　「上洛前の足利義昭と織田信長」『史学雑誌』二九―二、一九一八年

ちくま新書
1093

織田《おだ》信長《のぶなが》

二〇一四年一〇月一〇日　第一刷発行
二〇二三年　六 月一〇日　第二刷発行

著者　神田千里（かんだ・ちさと）
発行者　喜入冬子
発行所　株式会社 筑摩書房
東京都台東区蔵前二-五-三　郵便番号一一一-八七五五
電話番号〇三-五六八七-二六〇一（代表）
装幀者　間村俊一
印刷・製本　株式会社 精興社

ISBN978-4-480-06789-0 C0223